해는 맑아야지
해가 흐리면 안 되지

해는 맑아야지
해가 흐리면 안 되지

이순진

세우미

추천사

가르치려 드는 글은 내내 굳은 표정이기 마련이고, 일상을 만끽하는 글은 속절없이 해맑기만 하다.

교리의 근본을 향할 때 글은 땅에 닿지 못 한 채 부유하고, 간증을 늘어놓을 때 글은 부풀려지기 쉬운 사사로움에 그치고 만다.

이순진의 글을 그 어느 한편으로 기울어지지 않고 중심을 잡아내고 있다.

마치 그가 십자가를 만들어 낼 때 균형과 비례와 조화와 절제, 그 어딘가에서 길을 찾아내는 것처럼 말이다.

소소하지만 결코 시시하지 않다.

나무를 깎아 무언가를 만드는 예수님의 모습을 상상해 본 적이 있는가. 말씀을 전하고 기적을 행하고 귀신을 내쫓고 병자를 고치는 예수님이 아닌, 집을 짓고 가구를 고치는 가난한 목수 예수를 말이다. 솜씨 좋은 젊은 목수는 이리저리 나무를 다듬고, 탁자 모서리에서 한쪽 눈을 찡그려 각도를 재고, 톱질을 하고, 튼튼하게 못을 박고(먼 훗날 누군가가 그의 손과 발에 그런 것처럼), 대패와 사포로 섬세하게 마무리를 한다. 친절한 음성으로 손님을 맞고, 작업실 구석에서 홀로 도시락을 먹고, 뉘엿지는 해를 보며 동네 아이의 따뜻한 말동무가 된다.

그러다 문득… 그는 십자가를 생각했을 것이다. 두려움에 몸서리가 쳐지고 고개를 흔들어 애써 그 장면을 머릿속에서 지워내고 싶었을 것이다. 그는 늘 십자가의 죽음을 마음에 두고 살았을 것이다.

(민호기 '예수전' 중에서)

이와 같이 십자가를 만드는 이는 또 다른 우상을 형상화하는 것이 아니다.

십자가를 늘 염두에 두며 그의 삶과 신앙과 일상에 아로새기는 이, 이순진의 십자가 이야기를 기꺼이 추천한다.

민호기 목사 (찬미워십 대표, 대신대학교 교수)

Prologue

내 인생을 살면서 주어진 삶을 살았을 뿐, 한 번도 무언가
가 되기 위한 소망을 품은 적은 없었다.
열망의 시작은 '종이꽃'이었다.
습관처럼 도서관에 갔고 그곳에서 한 권의 책을 보게 되었
다. 꽃을 종이로 만드는 방법을 알려주는 책이었다.

수없이 많은 책 중에 그 한 권이 내 마음속에 들어왔고 내
인생 처음으로 무언가 배우고 싶다는 열망을 품게 되었다.
허락되지 않았던 상황들이 신기하게도 할 수 있는 상황으
로 바뀌었고, 나는 '종이꽃' 만들기를 배울 수 있었다.

배움을 시작할 때의 열망과 달리, 배움의 끝에서는 막막함
이 찾아왔다.
이제부터 무엇을 할 것인가?
할 수 있는 것이 있기는 한 것인가? 라는 물음 앞에 놓였다.
여전히 내 힘으로 하려는 어리석은 나를 위하여
주님은 예비해 놓으신 빈 공간을 보여 주셨고
그 공간에서 나는 공방을 열 수 있었다.

그것이 십자가 작가로서 여정의 첫걸음이었다.
그 여정은 이미 시작되고 있었다.
내가 깨닫지 못했을 뿐….

주님께서는 나의 부족한 부분을 채워 주셨고
지혜가 없는 나에게 하늘의 지혜를 허락해 주셔서
십자가 작품을 한 개씩 한 개씩 만들게 하셨다.
살면서 하게 되는 나의 모든 고민은, 믿음 안에서 십자가
작품의 제목이 되고 글의 소재가 되었다.

나의 모든 경험들은 자연스럽게 작품에 담겼고,
나의 실수와 아픔들은 나의 고정관념이라는 틀을 깨주었
다.
십자가 작품 66개를 만들고 글을 썼던 3년 동안의 시간들
은 나의 소중한 신앙의 여정이었다.
감히 바라는 것은 이 책에 수록된 십자가 작품들과 글들을
통해서, 많은 이들이 십자가의 깊은 사랑으로 아픔들이 치
유되고 회복되기를 소망한다.

부디 바라기는 십자가 전달자로서의 사명을 잘 감당하는 것이다. 그리고 이 아름다운 여정을 주님 나라 가는 그날까지 할 수 있기를 기도한다.

이 책은 누군가의 아픔을 위로하고자 하는 이의 마음과 품은 소망을 응원하고자 하는 마음, 그리고 주님을 더욱더 알기를 원하는 마음과 그런 우리를 사랑하시는 주님의 마음이 담겨 있다고 감히 말하고 싶다.

십자가 작품을 만들고 이 책이 나오기까지
귀한 손길과 소중한 마음으로
기도와 응원을 해 주신 모든 분들과
세우미 출판사 대표님과 직원분들께
진심을 가득 담아서 감사를 드린다.

가족들에게 사랑한다는 말을 꼭 전하고 싶다.

2024년 가을
이순진

차례

1장 주님의 dream 나의 드림

2장 일상의 기적

3장 순간을 간직하다

4장 더하는 이야기

1장

주님의 dream 나의 드림

시작

모든 시작은 두 마음을 품게 된다.
설렘과 두려움

새로운 시작의 설렘과
불확실한 미래의 두려움

나는 주님이 주시는 소망을 품고
주님의 선하신 인도하심을 구하며
설렘을 택하고자 한다.

내가 알지 못하는 크고 은밀한 일들이 무엇일지
소망을 설렘 가득한 마음으로 품고 시작!

일을 행하시는 여호와, 그것을 만들며 성취하시는 여호와
그의 이름을 여호와라 하는 자가 이와 같이 이르시도다
너는 내게 부르짖으라 내가 네게 응답하겠고
네가 알지 못하는 크고 은밀한 일을 네게 보이리라
예레미야 33:2~3

해는 맑아야지 해가 흐리면 안 되지

나 + 너 = 우리

십자가의 모습을 보면 더하기와 같다.
더하기의 뜻은 '서로 떨어져 있는 물건을 보탠다'는 의미다.

인간은 개인마다 독립적으로 존재한다.
부끄러운 고백을 하자면 나는 아주 이기적인 사람이다.
그래서 누군가를 위해서 걱정해 주고
마음을 쓴다는 것은 나에게는 어려운 일이다.
이런 나에게 주님은 주님의 마음을 더하여 주셨다.

그래서 부끄럽지만
누군가에게 나는 따뜻한 이로 기억되고
누군가에게는 사랑이 많은 이로 기억된다.

주님의 십자가 사랑이 더하여지면
나와 너는 우리가 된다.

예수께서 이르시되

네 마음을 다하고 목숨을 다하고 뜻을 다하여

주 너의 하나님을 사랑하라 하셨으니 이것이 첫째 되는 계명이요

둘째도 그와 같으니 네 이웃을 네 자신과 같이 사랑하라 하셨으니

이 두 계명이 온 율법과 선지자의 강령이니라.

마태복음 22:37-40

기다려

인간의 그 어느 생도 기다림에서 자유롭지 못하다.

세상에 태어나기 위해서
엄마 뱃속에서 열 달을 기다리고
태어나서는 맛있는 것 먹기 위해서 줄 서며 기다리고
재미있는 것 타기 위해서 기다리고
원하는 목표를 이루기 위해서 기다리고
사랑하는 사람 만나기 위해서 기다리고….

일생을 다 바쳐서 기다리는 중인데도 불구하고
아이러니하게도 기다림처럼 훈련이 안 되는 것도 없다.

석고 십자가를 완성하려면 이 또한 기다림이 필요하다.
겉은 단단해 보여도 속까지 완전히 굳으려면
시간이 필요하다.

기다림의 과정은 중요하다.
밥도 뜸 들이는 과정을 거쳐야 맛있고
과일도 익는 과정을 지나야지만
맛도 있고 상품으로서도 가치가 있다.

아주 길지도 짧지도 않은
그 시간을 기다리지 못해 깨진 십자가….
작은 석고 십자가 하나 굳는 시간조차도
기다리지 못하는 부족한 나를 주님께서는 여전히 기다리고
계신다. 그리고 우리를 위하여 크고 놀라운 계획을 주님은
땅을 위하여 비를 준비하시듯 예비하고 계신다.

이제 우리가 대답할 차례이다.
"네 주님! 서툴지만 주님 믿고 힘을 다해서 잘 기다려 볼게
요."

만일 우리가 보지 못하는 것을 바라면
참음으로 기다릴지니라
로마서 8:25

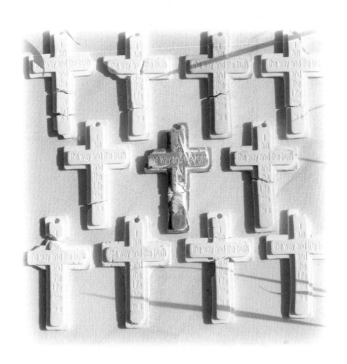

해는 맑아야지 해가 흐리면 안 되지

별 하나의 사랑

밤하늘의 별은 별 속에 있는 수소가 헬륨으로 바뀌는 핵융합 과정에서 에너지를 생산하고 빛이 난다고 한다.
정체성이 바뀌는 충돌 과정에서 발생하는 빛을 우리는 보고 밤하늘의 빛나는 별의 아름다움을 마주한다.

시인 윤동주 님의 삶을 영화로 만든 '동주'라는 영화를 봤다. 그의 삶을 시각적으로 보고 그의 시를 다시 읽어 보니 다른 감정선이 느껴졌다.

꽃다운 20대 나이에 꿈꾸는
아름다운 이상과 어둡고 참담한 현실 사이에서
그의 자아는 끊임없이 부딪혔다.

꿈을 빼앗긴 상황에서도 아름다운 시를 썼고
'희망'이라는 빛을 비추어 주었다.

〈별 헤는 밤〉 마지막 문장을 인용하면
"그러나 겨울이 지나고 나의 별에도 봄이 오면

무덤 위에 파란 잔디가 피어나듯이
내 이름자 묻힌 언덕 위에도 자랑처럼 풀이 무성할 거외
다."

빛을 잃고 어둠만 가득한 시대를 살았던 윤동주 님은
반드시 봄이 올 것이고, 풀이 무성하게 자랄 것이라고
말씀하셨다.

주님의 자녀로서 매일의 삶을 살아내야 하는 우리는
현실의 자아와 믿음이 부딪히며 충돌하고
그 과정에서 자아가 부서지고 깨지면서
주의 자녀로서의 믿음이 승리하게 된다.
그러면 반드시 아름다운 빛으로 반짝이게 된다.

그 빛은 결코 숨길 수 없다.

그런 면에서 별과 우리는 같다.

"별 하나의 사랑…."

사랑… 참 흔한 말이지만 흔하게 볼 수 없다.
사랑하고 싶다. 온 맘 다해서.

언약의 무지개 징검다리

● 언약 : 말로써 약속함
● 무지개 : 공중의 떠있는 물방울이 햇빛을 받아 나타나는 반원 모양의
　　　　　일곱 빛깔 줄
● 징검다리 : 개울이나 물이 고인 곳에 돌이나 흙더미를 드문드문 놓아
　　　　　　디디고 물을 건널 수 있도록 한 다리

창세기 9장 13절 말씀에서 "무지개를 하나님과 인간 세상
사이의 언약의 증거"라고 말씀하셨다.

삶의 한 자락도 내 것이 아니었음을 고백한다.

우리는 하나님 아버지의 인도하심과 보호하심 없이는
삶을 한순간도 살아 낼 수 없다.
우리는 각자의 삶 속에서 인생이라는 개울을 건너고 있다.
깊기도 하고 얕기도 하고,
물살이 세기도 하고 약하기도 하고….
여기만 건너면 안전한 건지 알 수도, 볼 수도 없는
그런 시간들을 보내고 있다.

내가 선택할 수 있는 것은 어느 다리로 건너느냐이다.

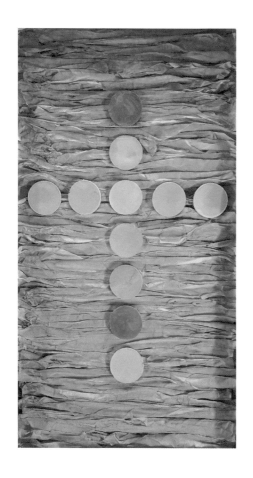

주님 손 꼭 잡고 언약의 무지개 징검다리를 건너기로
나는 결정했다!

빨강 속에 숨어있는 열정적인 사랑
주황 속에 숨어있는 활동적인 사랑
노랑 속에 숨어있는 풍요로운 사랑
초록 속에 숨어있는 평화로운 사랑
파랑 속에 숨어있는 신중한 사랑
남색 속에 숨어있는 강인한 사랑
보라 속에 숨어있는 우아한 사랑

을 딛고 딛고 또 딛고

그리하여
언약이 마침내 성취되는 그런 삶을 살아낼 것이다.

내가 내 무지개를 구름 속에 두었나니
이것이 나와 세상 사이의 언약의 증거니라
창세기 9:13

해는 맑아야지 해가 흐리면 안 되지

치유의 정원

자연이 우리에게 건네주는 위로가 분명히 있다.

나는 그 위로가 주님의 사랑의 언어라고 생각한다.

추운 겨울날 따뜻한 햇볕으로
더운 여름날 살랑이는 바람으로
무심코 바라보다 멍하니 바라보게 되는
기분 좋은 파란 하늘로
시원한 바다의 촐랑이는 파도로
아련함을 담은 저녁노을로
아름다움으로 가득한 꽃으로
쨍한 기운 뿜어내는 초록 잎으로

나에게 그리고 우리에게 쉬지 않고 말씀하신다.
사랑한다고….

내가 산을 향하여 눈을 들리라
나의 도움이 어디서 올까
나의 도움은 천지를 지으신 여호와에게서로다
여호와께서 너를 실족하지 아니하게 하시며
너를 지키시는 이가 졸지 아니하시리로다
이스라엘을 지키시는 이는 졸지도 아니하시고
주무시지도 아니하시리로다
시편 121:1-4

주님께서 오늘의 삶을 살아내느라
지친 우리를 위해서 마련해 두신
'치유의 정원'에서 나는 오늘도 회복된다.

내 이름을 경외하는 너희에게는
공의로운 해가 떠올라서
치료하는 광선을 비추리니
너희가 나가서
외양간에서 나온 송아지같이 뛰리라
말라기 4:2

동행

● 동행 : 길을 같이 감
● 동행자 : 같이 길을 가는 사람. 유의어는 길동무, 길벗

우리, 함께, 동행…

내가 좋아하는 단어다.

혼자 있는 시간도 필요하고 중요하지만
다른 이들과 함께 어울리면서 삶을 살아가는 것이
인생을 더 풍요롭고 행복하게 만들어준다.

다른 사람과 길을 걸을 때 그 사람의 속도에 맞추어 걷는
것이 답답하게 느껴질 때가 종종 있다.
그렇다고 평소 자기 속도대로 걸으면 즐거운 대화를 나눌
수 없다.
속도를 포기하면 시간을 함께 나누는 기쁨을 누리게 된다.

동행을 하다 보면 맞지 않음이 불편하고 어색할 수 있다.
그래서 불평을 하고 불만을 가지게 된다.

그러면 주님은 나와 함께 하는 동행이 어떠실까?
문득 궁금해진다.
함께하는 시간의 공기가 특별해서
어디든 함께하고 싶은 사람이 있다. 그런 사람과는
'어디'가 중요하지 않고
'무엇'이 중요하지 않다.
같이 있는 것만으로 가치가 있으므로

주님에게 그러한 동행자가 되기를 꿈꾼다.
주님은 우리를 향하여 따뜻한 손을 내밀며 말씀하신다.

나의 사랑, 내 어여쁜 자야 일어나서 함께 가자!

" 동행 "

생명의 길

내가 가야 할 길이 어느 쪽인지 알 수 없지만 주님과 함께
가는 그 길만이 생명이 자라나는 길임을 안다.

비록 가는 그 길 위에 피어나는 꽃들이
상처가 나기도 하고 꽃잎이 떨어지기도 하고
물이 부족해서 시들기도 하지만
꽃은 이미 그 존재만으로도 충분하게 아름답다.

주께서 창조하신 그 어떤 생명도
아름답지 않은 것은 없다.
주께서 창조하신 그 어떤 생명도
귀하게 여기지 않으시는 것이 없다.

온갖 영화를 누린 솔로몬의 멋진 옷도
들의 백합화의 아름다움을 따라가지 못하고
오늘 피었다가 내일 아궁이에 던져질 꽃들도
귀하게 여기시는 주님과 함께하는

모든 순간이 아름답고
그 길만이 유일한 생명의 길이다.

주께서 생명의 길을 내게 보이셨으니
주 앞에서 내게 기쁨이 충만하게 하시리로다
사도행전 2:28

2022년 한 해 나에게 주신 주님 말씀이다.
이 말씀이 나를 살렸다.

만남

너무나도 유명한 노사연 님의 대표곡 '만남'

"우리 만남은 우연이 아니야"

누구나 한 번쯤은 들어봤을 노래다.

하나님 안에서의 모든 만남은 '우연'이 없다.
주님의 선한 계획하심과 인도하심으로
모든 만남이 이루어진다.

삶을 살다 보면 큰 은혜를 입게 되는 만남
아니 만나는 게 좋았을 만남
나를 성장시키는 만남
나를 망하는 길로 인도하는 만남…
수많은 만남을 가지게 된다.

아이들을 위해서 늘 기도하는 한 가지가 있다.
바로 만남의 축복이다.

만남은 나를 살리기도 하고 죽이기도 한다.

아이들에게 하는 말이 있다.
좋은 경험 나쁜 경험은 있지만
쓸데없는 경험은 없다는 것이다.

살면서 좋은 만남 나쁜 만남은 있지만
주님께서는 합력하여 선을 이루시는 분이시기에
쓸데없는 만남은 없다.

그렇다면 인생 최고의 만남은 무엇일까?
주저하지 않고 대답할 수 있다.

바로 하나님과의 만남이다.

'過猶不及'(과유불급)이라는 한자 성어가 있다.
"지나친 것은 미치지 못함과 같다"라는 뜻이다.

그러나 하나님과의 만남만큼은 지나쳐서 나쁠 게 없다.
아니 지나치면 지나칠수록 좋다.
하나님께 가까이함이 내게 복이라 하셨으니
하나님께 더욱더 가까이 다가가서
주님 주신 복 누리며 살기를 소망한다.

해는 맑아야지 해가 흐리면 안 되지

성도

그리스도를 믿고 하나님의 자녀가 되어
속된 세상에서 거룩한 하나님의 공동체 일원으로
부름받은 자들을 '성도'라고 한다.

땅에 있는 성도들은 존귀한 자들이니
나의 모든 즐거움이 그들에게 있도다
시편 16:3

이 작품을 만들 때 십자가의 형상이 흡사 두 팔 벌린
사람과도 같은 느낌이 들었다.
그래서 일부러 아주 작게 만들었다.
주님을 향한 마음의 크기가 겉모습의 크기와
정비례하지 않음을 나타내고자 하였다.

**믿음은 크다고 해서 많이 담아지고
작다고 해서 적게 담아지는 것이 아니니까.**

주님의 성도로서 존귀함을 받고 싶다.
주님의 성도로서 즐거움이 되고 싶다.
진정한 성도가 되고 싶다.

주기도문

하늘에 계신 우리 아버지
아버지의 이름을 거룩하게 하시며
아버지의 나라가 오게 하시며
아버지의 뜻이 하늘에서와 같이
땅에서도 이루어지게 하소서
오늘 우리에게 일용할 양식을 주시고
우리가 우리에게 잘못한 사람을
용서하여 준 것 같이
우리 죄를 용서하여 주시고
우리를 시험에 빠지지 않게 하시고
악에서 구하소서
나라와 권능과 영광이 영원히
아버지의 것입니다.

아멘!

국면 전환

● 국면전환 : 일의 형세나 상황이 다른 방향이나 다른 형태로 바뀌는 일

버려진 액자, 기한 지난 메밀국수, 버려진 파지.
이 세 가지로 십자가 작품이 완성되었다.
그런데 이 세 가지의 공통점은 '버려졌다'는 것이다.

세상적인 기준으로 보면
버려질 수밖에 없고
비참할 수밖에 없는 존재들이라도

주님을 만나면 모든 것이 소생하고 날아올라서
'국면전환'이 된다. 반드시!

주님께서는 말씀으로 선포하셨다.
억눌리고 주리고 갇히고 보이지 않고
비굴한 자들의 모든 상황을 바꿔주신다고….

여호와는 천지와 바다와 그 중의 만물을 지으시며

영원히 진실함을 지키시며

억눌린 사람들을 위해 정의로 심판하시며

주린 자들에게 먹을 것을 주시는 이시로다

여호와께서는 갇힌 자들에게 자유를 주시는도다

여호와께서 맹인들의 눈을 여시며

여호와께서 비굴한 자들을 일으키시며

여호와께서 의인들을 사랑하시며

여호와께서 나그네들을 보호하시며

고아와 과부를 붙드시고

악인들의 길은 굽게 하시는도다

시온아 여호와는 영원히 다스리시고

네 하나님은 대대로 통치하시리로다 할렐루야

시편 146:6-10

아멘!!

예수 따라가며

'거룩하다'는 개념은 세상의 개념과는 다르다.

돈이 많은 부자를 '거룩하다'고 하지 않는다.
권력을 가진 사람을 '거룩하다'고 하지 않는다.

인간은 결코 거룩할 수 없다.
거룩하신 유일한 존재는 예수님 한 분뿐이다.
그 예수님께서는 가장 낮은 자의 모습으로 세상을
살아내셨다.

세상은 많이 가지라고 한다.
돈을…
권력을…
그래야만 인정을 받는다고 한다.

그러나 하나님은 우리에게 말씀하신다.
내가 거룩하니 너희도 거룩하라고

나는 결코 거룩할 수 없다.
나는 내 이웃을 내 몸과 같이 사랑할 수 없다.
그럼에도 하나님께서는 말씀하신다.
거룩하라고, 사랑하라고 하신다.

세상을 따르지 말고 오직 유일하게 거룩하신 한 분
주님만 따라가야 한다.
그 길만이 유일한 복된 길이다.

"예수 따라가며 복음 순종하면
우리 행할 길 환하겠네
주를 의지하며 순종하는 자를 주가 늘 함께 하시리라
의지하고 순종하는 길은
예수 안에 즐겁고 복된 길이로다"
(찬송가 449장)

인도

여호와는 나의 목자시니
내게 부족함이 없으리로다
그가 나를 푸른 풀밭에 누이시며
쉴 만한 물가로 인도하시는도다
내 영혼을 소생시키시고
자기 이름을 위하여 의의 길로 인도하시는도다
내가 사망의 음침한 골짜기로 다닐지라도
해를 두려워하지 않을 것은 주께서 나와 함께 하심이라
주의 지팡이와 막대기가 나를 안위하시나이다
주께서 내 원수의 목전에서
내게 상을 차려 주시고
기름을 내 머리에 부으셨으니
내 잔이 넘치나이다
내 평생에 선하심과 인자하심이
반드시 나를 따르리니
내가 여호와의 집에 영원히 살리로다

아멘!

똑 똑 똑

볼지어다 내가 문밖에 서서 두드리노니
누구든지 내 음성을 듣고 문을 열면
내가 그에게로 들어가 그와 더불어 먹고
그는 나와 더불어 먹으리라
요한계시록 3:20

'두드리다'는 헬라어로 '크루오'라고 한다.

크루오는 '두드리다' '노크하다'는 뜻을 가진
현재형 동사로서 한번 두드리는 것이 아니라
계속 두드리고 있다는 뜻이다.

영화의 한 장면이라고 생각해 보자.

누군가 문밖에서 문을 두드리고 있다.
한 번도 아니고 두 번도 아니고
계속해서 두드리고 있다.

이 장면에서 느껴지는 감정은…
아마도 애절함, 급박함, 절실함이 아닐까?
주님은 지금도 계속해서 문밖에서
크루오 하시고 계신다.

이제는 활짝 열어 드리자….

그대를 사랑합니다

빨간 동백꽃의 꽃말은 '그대를 사랑합니다'이다.
이 꽃말과 같은 영화 '그대를 사랑합니다'는
강풀 작가님의 웹툰을 영화화 한 작품이다.

고집불통 할아버지와 혼자 힘겨운 삶을 사시는 할머니
주차장 관리하시는 할아버지와 치매 걸린 아내

이 두 사랑스러운 커플들이 각자의 모습대로
서로를 사랑하고 지켜주는 모습들이
너무 아름답고 애틋해서 영화를 보는 내내
눈물을 흘렸던 기억이 난다.

우리는 각자의 자리에서 다른 모습으로
주님께 사랑을 고백하며 믿음 생활을 한다.

그 사랑의 크기를 감히 누구도
작다… 크다… 할 수 없다.

사랑은 그 자체로 이미 충분하게 아름다우니까.

너는 마음을 다하고 뜻을 다하고 힘을 다하여
네 하나님 여호와를 사랑하라
신명기 6:5

온 맘 다해서 주님을 사랑하고 싶다.

나의 사랑 고백에
주님의 마음이 '심쿵' 하셨으면 좋겠다!

더… 이끌림

한 목사님께서 나에게 물으셨다,
'끌림'과 '이끌림'의 차이를 아느냐고
나는 차이가 없는 것 같다고 대답했다.

목사님께서 말씀해 주시길
사람이 마음으로 끌려서 하는 일은
사람이 하려고 해서 끝까지 해내는 것도 힘들고
그 마지막이 아름답지 않을 수 있지만

주님의 이끌림으로 해내는 일은
주님이 하시기에 끝까지 할 수 있고
그 마지막 또한 아름다운 열매를 맺게 된다는 것이다.

그런 면에서 이끌림은 '사명'과 같다.

빨 주 노 초 파 남 보 무지개색과 같이
우리 모두는 다 다르다.

그러나 우리는 모두 주님께 이끌리어
각자에게 주어진 삶을 살아가고 있다.

사람이 마음으로 자기의 길을 계획할지라도
그 걸음을 인도하시는 이는 여호와시니라
잠언 16:9

모든 걸음 인도하시는 선하신 주님께 이끌려서
아름다운 열매를 맺는 삶을 살기를 소망한다.

믿음

나는 선한 싸움을 싸우고
나의 달려갈 길을 마치고
믿음을 지켰으니
디모데후서 4:7

믿음이 없이는
하나님을 기쁘시게 하지 못하나니
하나님께 나아가는 자는
반드시 그가 계신 것과
또한 그가 자기를 찾는 자들에게
상 주시는 이심을 믿어야 할지니라
히브리서 11:6

믿음이란 무엇일까?

내가 좋아하는 가수 커피소년은 '믿음'이라는
노래를 통해서 '믿음'을 멈춰있지만 가고 있는 것
끝난 것 같지만 다시 시작하는 것
두려움이 있지만 나아가는 것… 이라고 표현했다.
불완전한 모습이지만 언젠가 완전해질 거라는 기대
불확실한 상황이지만 반드시 확실해질 거라는 기대
불안전한 상태이지만 꼭 안전해질 거라는
기대를 놓지 않는 것

**주님께서 하실 일 기대하며 기다리는 것이
바로 믿음이 아닐까?**

주님을 끊임없이 찾자.
그래서 주님께서 예비하신
'상' 받는 믿음의 우등생이 되어보자.

주님의 dream, 나의 드림

창세로부터 그의 보이지 아니하는 것들
곧 그의 영원하신 능력과 신성이
그가 만드신 만물에 분명히 보여 알려졌나니
그러므로 그들이 핑계하지 못할지니라
로마서 1:20

자연을 보면 그 쓰임새가 아주 명확하다.

창세기 1장을 보면 두 큰 광명체를 만드사
큰 광명체는 낮을 주관하고
작은 광명체는 밤을 주관하게 하셨다.
또한 물들은 생물을 번성하게 하라 하시고
하늘의 궁창에는 새가 날으라 하셨다.
씨앗은 자라서 나무가 되고 탐스러운 열매를 맺는다.
꽃은 아름답게 피어나고 구름은 비를 내리게 한다.

하나님이 자기 형상 곧 하나님의 형상대로
사람을 창조하시되 남자와 여자를 창조하시고

하나님이 그들에게 복을 주시며
하나님이 그들에게 이르시되
생육하고 번성하여 땅에 충만하라,
땅을 정복하라, 바다의 물고기와 하늘의 새와 땅에
움직이는 모든 생물을 다스리라 하시니라
창세기 1:27~28

하나님께서는 우리를 창조하시면서
하나님의 꿈을 명확하게 꾸셨다.

'꿈'이라는 단어가 언제부턴가 현실을 부정하고
이상을 좇는 이들의 전유물인 것처럼 여겨지고 있다.

그러나 하나님의 창조물이자
하나님의 자녀인 우리들은 우리를 향하여 품으신
하나님의 '꿈'을 이루어 드려야 한다.

나를 내어 드려 생육하고 번성하고
땅에 충만하여 모든 생물을 다스리는
하나님의 '꿈'을… 이루어 드려야 한다.

그러니 지금부터라도 '꿈'을 갖자!

주님의 dream을 향해 나를 드리자!

사랑

그런즉 믿음, 소망, 사랑,
이 세 가지는 항상 있을 것인데
그 중의 제일은 사랑이라
고린도전서 13:13

메시지 성경으로 다시 적어보면

그러나 그 완전함에 이르기까지
우리는 다음 세 가지를 행함으로
완성을 향해 나아가야 합니다.
하나님을 꾸준히 신뢰하십시오
흔들림 없이 소망하십시오
아낌없이 사랑하십시오
이 세 가지 가운데 으뜸은 사랑입니다.

하나님이 우리를 사랑하시는 사랑을
우리가 알고 믿었으니

하나님은 사랑이시라
사랑 안에 거하는 자는
하나님 안에 거하고
하나님도 그의 안에 거하시느니라.

God is Love

주님 제 안에는 사랑이 없습니다.
사랑의 마음을 부어주소서…

해는 맑아야지 해가 흐리면 안 되지

십자가 군병

● 군병 = 군사 = 군인

'상명하복'은 위에서 명령하면
아래에서 복종한다는 뜻을 가진 사자성어로
군대에서 많이 쓰이는 말이다.
군인은 상사의 말에 반드시 복종해야 한다.

우리는 하나님 나라의 십자가 군병들이다.

"십자가 군병들아 주 위해 일어나
네 힘이 부족하니 주 권능 믿으라
복음의 갑주 입고 늘 기도하면서
너 맡은 자리에서 충성을 다하라"
(찬송가 352장 3절)

마귀의 간계를 능히 대적하기 위하여
하나님의 전신 갑주를 입으라
에베소서 6:11

그러므로 하나님의 전신 갑주를 취하라
이는 악한 날에 너희가 능히 대적하고
모든 일을 행한 후에 서기 위함이라
에베소서 6:13

십자가 군병인 우리는
하나님 말씀의 전신 갑주를 입어야 한다.
나의 힘을 믿는 것이 아니라
주님의 권능을 믿어야 한다.

그런즉 서서 진리로 너희 허리 띠를 띠고
의의 호심경을 붙이고
평안의 복음이 준비한 것으로 신을 신고
모든 것 위에 믿음의 방패를 가지고
이로써 능히 악한 자의 모든 불화살을 소멸하고
구원의 투구와 성령의 검 곧 하나님의 말씀을 가지라
에베소서 6:14-17

늘 기도하며 맡은 자리 충성하며
주님 말씀에 아멘으로 답하고
오늘도 가던 길 쪽으로 한 걸음 더 가보자.

기도

하나님 나의 아버지
하나님과의 만남을 통해서
하나님 자녀로서의 진정한 나를 찾기를 원합니다.
세상 속에서의 내가 아닌
아버지 자녀로서의 삶을 살기를 원합니다.
대단한 무언가를 이루지 않아도
하루하루 작은 믿음 지켜내기 어려워
넘어지고 또 넘어지더라도
사랑하는 자녀들을
그저 온화한 눈길로 바라봐 주시고
따스한 손길로 어루만져 주시는
아버지만 바라보며
하나님의 자녀로서 매일의 삶을
살기를 소망합니다.
아버지 사랑합니다.
아버지 감사합니다.

예수님의 이름으로 기도드립니다.
아멘!

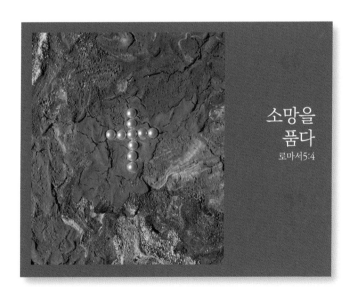

소망을
품다
로마서5:4

소망을… 품다

작품 속의 십자가는
땅속에 심겨진 나무 씨앗을 형상화한 것이다.
땅속에 심겨진 씨앗이 새싹이 될 때까지는
단단한 씨앗 껍질을 뚫어야 하고
단단한 땅을 뚫어야 한다.
밑으로는 뿌리를 내리고 위로는 새싹을 틔워야 한다.
어느 것 하나 쉬운 과정은 없다.
씨앗이 땅속에서 고군분투하는 동안
땅 위에서는 아무도 눈치를 채지 못한다.

이 험난한 과정을 지나서 새싹을 틔워도
여전히 어리고 연한 새싹일 뿐이다

뿌리를 땅속에 박고 비와 바람을 견디고
여러 계절을 지내면 비로소 한 그루의 나무가 된다.
그때, 사람들은 멋진 나무로 자란 모습을 보고 놀라워한다.

그 나무가 피운 꽃의 아름다움과
열매의 탐스러움에 감탄한다.

작은 씨앗이 세월을 견디어 내어서
늠름한 한 그루의 나무로 자라는
기적 같은 일들이
소망을 품고 오늘을 살아가는
우리의 삶 속에서도 일어나고 있다.

소망을 품고 있는 그대여,
변화가 없어 보이는 현실에 좌절하지 말기를
머지않아서 소망의 꽃이 활짝 피어날 것이기에….

소망의 하나님이
모든 기쁨과 평강을
믿음 안에서 너희에게 충만하게 하사
성령의 능력으로
소망이 넘치게 하시기를 원하노라
로마서 15:13

소망을 피우다

유명한 속담이 있다.
'콩 심은 데 콩 나고 팥 심은 데 팥 난다.'
이 말을 나는 이렇게 바꾸고 싶다.
'소망 심은 데 소망이 피어난다.'

내 마음에 무엇을 심을지는 내 선택이다.
낙심을 심을지, … 소망을 심을지….

스스로 속이지 말라
하나님은 업신여김을 받지 아니하시나니
사람이 무엇으로 심든지 그대로 거두리라
자기의 육체를 위하여 심는 자는
육체로부터 썩어질 것을 거두고
성령을 위하여 심는 자는
성령으로부터 영생을 거두리라
우리가 선을 행하되 낙심하지 말지니
포기하지 아니하면 때가 이르매 거두리라
갈라디아서 6:7~9

스피노자의 유명한 명언

'내일 지구가 멸망하더라도
나는 한 그루의 사과나무를 심겠다.'
스피노자는 뛰어난 지적 능력으로
얼마든지 부와 명예를 누리고 살 수 있었으나
자신의 철학적 신념에 따라 사람들의 비난을 감수하며
아주 조용하게 삶을 살았다고 한다.

그는 정말로 자신만의 사과나무를 심는 삶을
살아낸 것이다.

나도 나만의 소망의 씨앗을 심고
농부이신 하나님만 바라보며
낙심하지 않고 포기하지 않으며
내가 할 수 있는 선을 행하며
아름다운 소망이 피어나 열매가 맺기를
원하고 바라고 기도한다.

기적

보라 내가 새 일을 행하리니
이제 나타낼 것이라
너희가 그것을 알지 못하겠느냐
반드시 내가 광야에 길을 사막에 강을 내리니
이사야 43:19

사막과 광야는 아주 큰 차이점이 있다고 한다.

사막은 땅이 물을 흡수를 하지 못하고
바로 말라버려서 생명이 살 수 없는 곳이고
광야는 비가 내리면 땅이 그 물을 다 흡수해서
머금고 있다가 그 머금고 있던 물로써 생명을
키우고 살 수 있게 한다는 것이다.

성경을 읽다 보면 하나님은 우리 인간을
광야로 보내서 훈련을 시키시지,
결코 사막으로 보내지 않는다고 하신다.

'광야'에는 '길'이 보이지 않고
'사막'에는 '강이 보이지 않는다.
그럼에도 불구하고 하나님은
반드시 광야에 길을, 사막에 강을 내신다고
말씀으로 약속하셨다.

[기적]의 뜻이 '신에 의하여 행해졌다고 믿어지는 불가사의
한 현상'이라고 한다.

모든 기적은 하나님만 행하실 수 있으시다.

우리 모두에게 하나님께서 기적 같은 일들을
이루어 주실 거라 믿는다.

회복

'중꺾마'는 중요한건 꺾이지 않는 마음이다.
한때 많이 쓰던 말이다.

마가복음 5장 25절부터 34절에는
아주 유명한 여인이 등장한다.
내 개인적인 생각으로는
'중꺾마'의 대표적 인물이 아닐까 싶다.

12년 동안 혈루증을 앓은 여인….
당시 유대교에서는 피를 흘리는 것을 부정한 것으로 여겼
다. 몸에서 피를 흘리거나 묻은 사람은
부정한 취급을 받았고 깨끗하게 나아도 7일 동안 예배를
드리지 못했다고 한다.
그동안은 공동체 안에 들어올 수도 가정생활을 할 수도 없
다는 것이다.
그런 시대에 그녀는 자그마치 12년을 부정한 상태로
처절하게 외롭게 삶을 살았다.

치료를 위해 모든 것을 해보았지만 오히려 상황만 더 나빠졌을 뿐이었다.

그러나 그녀는 자신을 결코 포기하지 않았다.

부정한 몸으로 밖에 나오는 것이
얼마나 위험한 일인지 분명하게 알았을 텐데
예수님께서 오신다는 말을 듣고
그녀는 밖으로 나온 것이다.

**그녀는 그 많은 사람들 속을 뚫고
드디어 예수님을 만났다.**

그리고 육체적인 질병이 치유되었을 뿐 아니라
상하고 깨어진 마음이 회복되었고
진정한 구원을 받았다.

그날 그 자리의 주인공은 바로 그녀였다.
주님이 찾으시는 그 한 사람의 예배자가 된 것이다.

나도 그 한 사람의 예배자가 되기를 기도한다.

끝판왕

'90년대 오락실 게임 중에 비행기 게임이 있었다.
나는 게임을 잘하지 못해서 작은 비행기로만 게임을 하다
가 아쉽게도 금방 게임이 끝나버렸다.
이 게임에서 어느 정도 레벨이 올라간 고수들이 하는 것을
보면, 작은 비행기 뒤에 엄청나게 큰 비행기가 함께 간다.

작은 비행기가 수도 없이 많은 미사일을 쏴도 파괴되지 않던 적의 비행기가 큰 비행기가 쏘는 미사일 한방에 여지없이 파괴되던 그 모습이 얼마나 통쾌하고 재미있었던지.

이 작품을 구상하면서 문득 그 비행기 게임이 생각났다.

내 힘으로는 직면한 많은 문제들을 해결할 수도 없고
오히려 나의 무지함과 지혜 없음으로 인하여
더 큰 문제가 생겨나기도 한다.
그럴 때 비로소 '기도'를 한다.
주님 도와주세요. 주님 이 상황을 해결해 주세요.

정신없이 시간을 흘려보낸 뒤에
그때를 다시 뒤돌아보면 주님의 은혜 가운데 모든 일들이
다 이루어졌음을 깨닫게 된다.

'끝판왕'의 뜻은 마지막 판에 이르러 볼 수 있는 왕,
가장 뛰어나고 대단한 대상을 일컫는 말이라고 한다.
일명 최종 보스라고 할 수 있다.

드라마를 보면 회사에서 어떤 문제로
갈등이 생겼을 때 회장님이 나타나면
모든 문제가 해결되는 모습을 보게 된다.

하나님의 자녀인 우리에게는
길이요 진리요 생명이신 주님만 계신다면
길을 잃지도 않고 진리를 잊어버리지도 않고
생명을 빼앗기지도 않는다.

진정한 끝판왕은 하나님 한 분뿐이다.

위로

'**위로**'라는 말에
두 가지 영어 단어를 대입하고자 한다.

'up' 과 'consolation'

up의 뜻인 '**위로**'는 위쪽을 향한다는 뜻이고
consolation의 뜻인 '**위로**'는 기운을 북돋아 준다는
뜻이다.

세상의 그 어떤 것도
우리에게 참된 위로를 줄 수 없다.

오직 참된 위로는 우리를 위하여
십자가에 못 박혀서 돌아가신 주님 한 분 뿐이다.

모든 시선을 주님을 향하여 '**위로**'올리면
주님의 사랑의 '**위로**'가 나에게로 내려온다.

내가 산을 향하여 눈을 들리라
나의 도움이 어디서 올까
나의 도움은 천지를 지으신
여호와에게서로다
시편 121:1-2

천지창조

태초에 하나님이 천지를 창조하시니라

땅이 혼돈하고 공허하며 흑암이 깊음 위에 있고 하나님의
영은 수면 위에 운행하시니라

하나님이 이르시되 빛이 있으라 하시니 빛이 있었고
빛이 하나님이 보시기에 좋았더라

하나님이 빛과 어둠을 나누사
하나님이 빛을 낮이라 부르시고 어둠을 밤이라

부르시니라 저녁이 되고 아침이 되니
이는 첫째 날이니라

하나님이 이르시되 물 가운데에 궁창이 있어
물과 물로 나뉘라 하시고
하나님이 궁창을 만드사 궁창 아래의 물과
궁창 위의 물로 나뉘게 하시니 그대로 되니라

하나님이 궁창을 하늘이라 부르시니라
저녁이 되고 아침이 되니 이는 둘째 날이니라

하나님이 이르시되 천하의 물이 한 곳으로 모이고
뭍이 드러나라 하시니 그대로 되니라

하나님이 뭍을 땅이라 부르시고
모인 물을 바다라 부르시니
하나님이 보시기에 좋았더라
창세기 1:1~10

갈망하다

'**갈망하다**'는 '갈증나다'는 뜻에서 유래한 말로
마치 목이 심히 말라 물을 구하듯 간절하게 사모하다 라는
뜻이라고 한다.

갈증 날 때의 물 한 컵은 너무나도 소중하다.
어떤 맛있는 음식도 이보다 맛있을 수는 없을 것이다.
그러나 금세 갈증을 또 느끼게 되고
목은 여전히 마르게 된다.

'여전히'의 개념만 존재할 뿐이다.
'영원히'라는 개념은 존재하지 않는다.

예수께서 이르시되 나는 생명의 떡이니
내게 오는 자는 결코 주리지 아니할 터이요
나를 믿는 자는 영원히 목마르지 아니하리라
요한복음 6:35

'생명의 떡'이신 주님을 더욱 알기를 갈망한다.

그래서 결코 주리지도 목마르지도 않기를 갈망한다.

나의 갈망은 주님을 온전히 아는 것이다.

그래서 주님의 사랑 안에서
참 기쁨을 누리며 살고 싶다.
참 자유를 누리며 살고 싶다.

안위하다

내가 사망의 음침한 골짜기로 다닐지라도
해를 두려워하지 않을 것은
주께서 나와 함께 하심이라
주의 지팡이와 막대기가 나를 안위하시나이다
시편 23:4

안위의 뜻은 편안함과 위태함을 아울러 이르는 말이라고 한다.

지금 우리가 사는 세상의 모습과 어울리는 말이다.
세상은 하루가 다르게 발전하기에 살기에 편안해 보이지만 그 내면을 바라보면 위태로운 일들로 가득하다.

하나님의 자녀인 우리는 사망의 음침한 골짜기로 다닐지라도 두려워하지 않기를 바란다. 주님께서 반드시 모든 삶의 순간에 함께해 주실 테니까 .

다윗이 말한 '주께서 내 원수의 목전에서 내게 상을 차려주시고 기름을 내 머리에 부으셨으니 내 잔이 넘치나이다 내 평생에 선하심과 인자하심이 반드시 나를 따르리니 내가 여호와의 집에 영원히 살리로다'라는 이 고백의 말이 우리 모두의 고백이 될 거라 믿어 의심치 않는다.

**그러니 지금 너무 힘이 들어서 지쳐있는 그대여,
아주 조금만 더 힘을 내어주기를….**

바라봄

주님….
머리가 아파서 새벽에 눈을 떴습니다.
잠을 자려고 다시 눈을 감았지만
쉽게 잠들지 못해서 기도나 해볼까 생각했습니다.
(기도 나… 라니요)
그리고 주님을 불렀습니다.
우선은 아픈 머리를 부여잡고
안 아프게 해주세요라고 기도를 했습니다.

그러다 문득,
그냥 문득, 주님이 생각이 났습니다.

나는 분명 주님께 기도를 했는데
기도하다가 주님이 생각이 났습니다.
나는 고작 비명조차 나지도 않는

머리 아픔조차도 이렇게 견디지 못해서

빨리 낫게 해 달라고 기도를 하는데
우리 주님은 너무 아프셨겠구나.
아니 고통스러우셨겠구나.

살이 찢겨나가는 고통을
사랑하는 제자에게 부인당하는 고통을
자신이 치료해 주고 사랑으로 돌봐 주었던
이들에게 저주를 받으며 버려지는 고통을
사랑하는 이와 헤어져야 하는 고통을
오롯이 혼자서 감당해야 했던 주님….

그 주님을 다시 바라봅니다.
그리고 제가 살면서
경험했던 아주 경미한 고난들
그때는 너무 아팠지만
지금 이 순간 생각을 해보니

그래도 우리 주님의 마음을
아주 조금

정말 아주 조금
손톱의 때만큼
겨자씨만 한 크기만큼은
알 수 있게 해 주셔서
감사합니다.

아주 작은 고통으로
가늠조차도 할 수 없지만

그래도… 그럼에도 불구하고
저의 아픔의 몇 만배는 되겠지만
그래도 헤아릴 수 있는 마음을
허락해 주셔서 감사합니다.

다시
바라보게 해 주셔서
감사합니다.

이제 외면하지 않겠습니다.
아니 외면할 수도 있겠습니다.

그래도 다시 바라보겠습니다.
주님 사랑합니다.

　해는 맑아야지 해가 흐리면 안 되지

부활 그 기적

- 부활 : 죽었다가 다시 살아남
- 기적 : 상식으로 생각할 수 없는 기이한 일
  　　　 신에 의해 행해졌다고 믿어지는 불가사의한 일

죽었던 사람이 다시 살아났다는 것은
인간의 상식으로는 생각할 수 없는
기이한 일이며 신에 의해 행해졌다고 밖에
믿을 수 없는 불가사의한 일이다.

예수님께서 부활하신 건
기 　 적 　 이 　 다 !

이제 우리가 할 일은 딱 한 가지다
우리를 향하신 하나님의 사랑을 믿는 것

그리고 그분을 사랑하는 것
그리고 서로를 사랑하는 것

그리고…
주님께서 우리를 품고 꾸신 꿈을 향하여
나의 모든 것을 내어드리는 것이다

2장

일상의 기적

　해는 맑아야지 해가 흐리면 안 되지

빛과 그림자

부활하신 예수님을 만나
주의 자녀로써 거듭난 우리는
주의 자녀로써 믿음의 삶을 살아내야 한다.

빛나는 삶을 살아내는 주님의 자녀가 되고 싶지만
여전히 내 안에는 두려움이라는 그림자가 존재한다.

어릴 적에 빛을 이용해서
손 그림자놀이를 했던 기억이 있다.
손가락을 이용해 토끼를 만들고 여우도 만들고
나비도 만들었다.

밤길을 걸을 때면 가로등 불빛 때문에 나의 그림자는
거인이 되기도 하고 꼬마가 되기도 했다.

작은 아이가 큰 어른처럼 보여지는 그림자
눈에는 보이지 않지만 나를 지배하는 두려움…

실체를 왜곡하게 만드는 그림자와 두려움은
너무나도 닮았다.
지구상에 존재하는 모든 것은 그림자가 있다.

성경에서 '두려워 말라'라는 단어가 365번 나온다고 한다.
1년 365일 동안 우리는 '두려움'이라는
존재와 싸우고 있다.

그림자와 두려움은 같다.
인생에서 떼려야 뗄 수가 없다.
그러기에 일상의 기적이 필요하다.
바로 주님과 함께….

두려워 말라.
내가 너와 함께 함이라!

숨… 쉼

바쁘게 하루를 살다가
잠시 숨을 고르는 시간
쉼…

나를 언제나처럼 바라보시는
주님께
나의 시선을
온전히 드리길….

나의 영혼이 잠잠히 하나님만 바람이여
나의 구원이 그에게서 나오는도다
오직 그만이 나의 반석이시오
나의 구원이시오
나의 요새이시니
내가 크게 흔들리지 아니하리로다
시 62:1~2

해는 맑아야지 해가 흐리면 안 되지

望 (바랄망) – 희망 vs 절망

希望(희망)의 望(망)
絶望(절망)의 望(망)

둘 다 望(바랄망)을 쓴다.

같은 뜻을 가진 한자 望이
무엇과 같이 있느냐에 따라서
그 뜻이 완전하게 달라진다.

주님을 바라보고 '희망'으로 향하느냐…
세상을 바라보고 '절망'으로 빠지느냐…

이제 선택해야 한다.

나는 선택했다!
그리고 나의 이 선택을
끝까지 지켜내기를 所望(소망)한다.

나는 항상 소망을 품고 주를 더욱더욱 찬송하리이다

시편 71:14

해는 맑아야지 해가 흐리면 안 되지

각인

● 각인 : 머릿속에 새겨 넣듯 깊이 기억됨 또는 그 기억

1973년 노벨상을 탄 오스트리아 학자 로렌츠는
인공부화로 갓 태어난 새끼 오리들이 태어난 순간에
처음 본 움직이는 대상, 즉 사람인 자신을 마치
어미 오리처럼 졸졸 따라다니는 것을 발견하였다.
그는 이런 생후 초기에 나타나는 본능적인 행동을
'각인'이라고 불렀다.

맹인이 겉옷을 내버리고 뛰어 일어나
예수께 나아오거늘
예수께서 말씀하여 이르시되
네게 무엇을 하여 주기를 원하느냐
맹인이 이르되 선생님이여 보기를 원하나이다
예수께서 이르시되
가라 네 믿음이 너를 구원하였느니라 하시니
그가 곧 보게 되어 예수를 길에서 따르니라
마가복음 10:50~52

맹인 바디매오가 눈을 떠서 가장 먼저 바라본 분은

바로 '예수님'이었다.

바디매오의 눈에 '예수님'이 '각인'되었다.
나의 두 눈에도 나를 위하여 십자가에 못 박히신
'예수님'만 '각인'되기를….

주 품에

우리 모두 각자가 인생이라는 바다 위를 걷는 존재이다.
반드시 크고 작은 삶의 문제라는 파도들을
넘어서야 한다.

그것은 선택의 문제가 아닌
우리의 삶에 고정된 설정값이다.

성경 속 인물 중에 나에게 가장 위안이 되고
또 도전을 주는 인물 베드로⋯.

예수님께 칭찬도 많이 받고 꾸중도 많이 받은 베드로

물 위를 걷는 예수님을 보고 다른 제자들은 가만히 있었으
나 예수님 따라 물 위를 걷겠다고 '도전'을 해서
결국은 물 위를 걸어본 최초이자
마지막 인물이 된 베드로⋯.

물 위를 걷다가 순간 시선을 빼앗겨서
물에 빠지고 말았지만 주님은 그를 건져 주셨다.
주님은 이런 베드로가 너무 사랑스럽지 않으셨을까?
나도 베드로와 같은 열정을 가지고 싶다.

시선을 빼앗기지 않게 노력해야 하지만
비록 빼앗기더라도
선한 주님은
결코 우리를 고아와 같이
내버려 두지 않음을 알기에….

두려워하지 말고 담대하게
오늘도 가던 길 쪽으로 한 걸음 더 가보려고 한다.

주 품으로….

위기!

● 위 기 : 위험한 고비나 시기

지금의 시대를 위기의 시대라고 한다.
기후위기, 경제위기, 안보위기, 전쟁위기

뉴스를 보면 과연 안전한 곳이 세상에 존재할까? 라는
의문이 생기고
어느새 마음속이 불안과 염려로 가득해 진다.

주님께서 말씀하셨다.

아무것도 염려하지 말고
다만 모든 일에 기도와 간구로,
너희 구할 것을 감사함으로 하나님께 아뢰라
그리하면 모든 지각에 뛰어난 하나님의 평강이
그리스도 예수 안에서 너희 마음과 생각을 지키시리라
빌립보서 4:6~7

힘이 없는 나는 위기를 알아도 몰라도 대책은 없다.

주님 계신 '**위**'를 바라보자
반드시 '**기회**'가 생긴다.

내가 이런 말을 할 때마다 꼭 듣는 말이 있다.
"참 해맑아!"
그럴 때마다 내가 하는 말이다.
"해는 맑아야 해! 해가 흐리면 안 되지!"

우리는 염려하는 존재가 아니다.
감사를 누리는 존재이다.

하나님 자녀의 정체성을 회복하여서
삶의 모든 순간에 임마누엘의 기쁨을 누리는
우리 모두가 되기를 간절히 바란다.

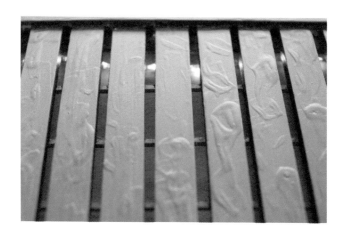

짐

수고하고 무거운 짐 진 자들아 다 내게로 오라
내가 너희를 쉬게 하리라
마태복음 11:28

우리가 만들어 놓고
우리를 가둬 놓은 틀….

그 틀 밖에 계시는

주 님 만 이

온전히 우리의 짐을 대신하여 짊어지실 수 있으시다.

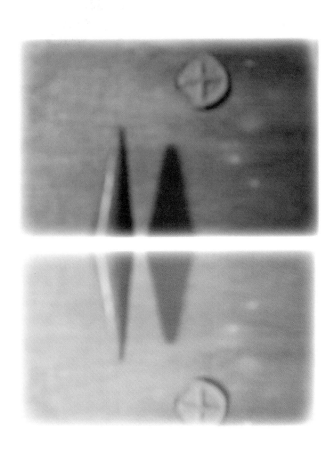

해는 맑아야지 해가 흐리면 안 되지

순례자

순례자의 뜻은 두 가지가 있다.

● 성지를 순례하는 사람
● 하늘나라에 소망을 두고 그 본향을 바라보며
이 땅에서 나그네와 같은 자세로 살아가는 성도

에덴동산에서 쫓겨난 아담부부를 시작으로
해 아래 모든 인간은 본향을 향한 순례자의 길을 걸을 수
밖에 없다.

길 위에 서 있다.
길을 걷고 있다,

하늘나라에 소망을 두고 갈 곳을 명확하게 아는
순례자인가?
갈 곳 몰라 여기저기 헤매며 다니는 나그네인가?

주의 말씀은 내 발에 등이요 내 길에 빛이니이다
시편 119:105

어두컴컴한 길 위에 서 있다,
어두컴컴한 길을 걷고 있다,

주님의 말씀을 등불 삼아서 한 걸음 한 걸음 걸어가는
우리 모두가 되기를 두 손 모아 기도한다.

청사진

흔히 미래에 대한 희망적인 계획이나 구상을 할 때
우리는 미래에 대한 청사진을 그린다고 한다.

또 다른 뜻으로 청사진은 건축기사가 건축물을 짓기 전에
완성된 겉모습과 상세한 내부 건축에 필요한 자재의 양까
지 전부 계산해서 만든 도면을 말한다.
종이 몇 장에 불과 하지만 전체 공사비의 10-20%정도 차
지한다고 한다.
그만큼 아주 중요한 부분이라 할 수 있다.

하나님의 피조물인 인간도 건축물 하나를 지을 때
이렇게 세심하게 계획하고 준비하는데

창조주이신 하나님께서 우리를 만드시면서
얼마나 놀랍도록 아름답고 섬세하게 계획하셨을까?
우리는 알 수 없다. 다만 궁금할 뿐이다.

과연 나를
그리고 우리를 향하신 하나님의 청사진은 무엇일까?

여호와의 말씀이니라
너희를 향한 나의 생각을 내가 아나니
평안이요 재앙이 아니니라
너희에게 미래와 희망을 주는 것이니라
예레미야 29:11

아멘!

해는 맑아야지 해가 흐리면 안 되지

보호

● 保 지킬 보　護 도울 호

保(지킬보)는
엄마가 아이를 안고 있는 모양을 본뜬 한자라고 한다.
지킬 보의 본래 뜻은 '보살피다', '기르다' 이다.

護(도울 호)는 言(말씀 언)과 隻(자 확) 이 결합한 한자이다.
한자 자 '확'자는 풀숲의 새를 손으로 잡는 모습을 그린 한
자다.
풀이를 하자면 도울 '호' 자는 말로 날아가는 새를 붙잡는
다는 뜻이다.
이 부분이 흥미롭다.
말로 날아가는 새를 붙잡을 수 있을까?

우리는 연약한 존재이다. 그럼에도 불구하고
'새'처럼 어느 때든지 날아가려 한다.

하나님께서 만드신 완벽한 아름다움이 가득했던
에덴동산에 만족하지 못하고 다른 무언가를 향하여 날아가

고자 꿈꿨던 아담과 하와처럼….

하나님께서는 아담부부의 잘못으로 에덴동산에서 쫓겨나야 하는 상황에서조차도 가죽옷을 지어서 입혀 주심으로써 그들을 '보호'하셨다.

그뿐만이 아니라 시간을 뚫고 말씀이 육신이 되어서 이 땅 위에 오셨고 십자가의 죽음을 통해서
우리를 죄에서 '구원'해 주셨다.

그리고 성경을 통해서 '나'를 그리고 '우리'를
사랑하신다고 끊임없이 말씀하신다.

말씀으로 붙잡아 주시고
말씀으로 지켜 주신다.

그가 너를 위하여 그의 천사들을 명령하사
네 모든 길에서 너를 지키게 하심이라
그들이 그들의 손으로 너를 붙들어
발이 돌에 부딪히지 아니하게 하리로다
시편 91:11~12

꽃길

나의 사랑하는 자가 내게 말하여 이르기를
나의 사랑, 내 어여쁜 자야 일어나서 함께 가자
아가 2:10

우리 모두 주님 손잡고 꽃길만 걷기를…

해는 맑아야지 해가 흐리면 안 되지

의미 부여

그리스도인은 '꿈보다 해몽'을 잘해야 한다는 말을 들은 적
이 있다.
좋은 것은 다 하나님께서 주셨다고 생각해야 한다고…
나는 이 말에 전적으로 동감한다.

세상에서는 보잘것없는 것이라도 내가 '하나님'의 선물이
라고 의미를 부여하는 순간 그것은 나에게 있어서는 세상
에서 가장 소중한 것이 된다.

십자가…
믿지 않는 이에게는
그냥 나무 두 개를 교차해서 붙인 것
그 이상도 그 이하도 아닐 것이다.

그러나 주님의 자녀인 우리에게
십자가는 하나님의 귀하신 독생자의 목숨을
우리 때문에 내놓으신 처절하게 아름다운
사랑의 증거이다.

여기 보잘것없는 나무판 하나가 있다.

나는 이 나무판에서 십자가를 보았고
가치 없는 나를 주님께서 의미를 부여하셔서
창조주의 자녀가 된 놀라운 기적을 보았다.

십자가의 도가 멸망하는 자들에게는 미련한 것이요
구원을 받는 우리에게는 하나님의 능력이라
고린도전서 1:18

주님과 같이 가치 있는 삶을 살아내고 싶다.

과정

● 과정 : 일이 되어가는 경로

과정을 지나면서 중요한 것은
'무엇'이 아니라 '어떻게' 이다.

결과가 좋으면 과정은 어떻게 되든 상관이 없다는 말처럼
무서운 말은 없다.

올바른 과정이 올바른 결론을 도출한다.

그러나 삶을 살다 보면 좋은 마음이 좋은 결과를 낳지 못하
는 경우도 많다.

나의 '열심'이 '문제'를 일으킬 수도 있다.
바로 이 부분에서 어려움이 생긴다.
'일'의 어려움과
'마음'의 어려움…

해는 맑아야지 해가 흐리면 안 되지

나의 결론은
나는 부족하고 여전히 연약하고 여전히 어리석다는 것이다.

그래서 더욱더 주님이 필요하다.

일의 시작
과정의 첫걸음부터
주님께 여쭤봐야 한다.

나의 열심이 주님을 앞서지 말아야 한다.

중심

사무엘 상 16장 7절 마지막 말씀…

나 여호와는 중심을 보느니라.

중심은 사물이나 행동에서 매우 중요하고 기본이 되는 부분이다.
중심을 잘 지켜야 한다.

등산을 하다보면 산길에서 종종 이런 크고 작은 돌탑을 보게 된다. 재미 삼아 돌을 찾아서 탑을 쌓을 때 중심을 잘 잡지 않으면 금방 무너져 내리게 되고 시간을 들인 노력은 물거품이 된다.
돌탑 하나를 쌓을 때조차도 '중심'이 이렇게 중요한데
인생을 건 믿음 생활을 할 때 내 마음 '중심'의 중요함은 말해 뭘할까?
그리고 그 중심에는 '무엇'이 담겨야 할까?

모든 지킬 만한 것 중에 더욱 네 마음을 지키라
생명의 근원이 이에서 남이니라
잠언 4:23

마음 중심에
생명의 근원이신 주님 한 분만 담아야 한다.

정체성

사진 속 십자가를 자세히 보면 씨앗이 붙어있다.
이 씨앗은 민들레 씨앗이다.

민들레 씨앗이… 생각보다는 이쁘지 않았다.
그냥 안 이쁜 정도가 아니라 마음에 들지 않았다.
다른 씨앗을 다시 붙여야하나 고민하고 있는데
문득 '미운 오리 새끼' 동화책이 생각났다.

평범한 오리들 사이에서 다른 생김새로 형제들에게 괴롭힘
을 당하고 엄마에게 버림을 받은
'미운 오리 새끼'…
만나는 동물마다 못생겼다고 놀리고 비난했다.
그럼에도 불구하고 매일의 삶을 버티고 살아낸 어느 날,
슬프고 슬픈 얼굴로 강물을 보는데 물 위에 비친 자신의 모
습을 보고 놀란다.
그 강물에 비친 자신의 모습은 너무나도 아름다운 '백조'였
던 것이다.

너무나도 유명한 동화책 '미운 오리 새끼'
자신의 정체성을 모르고 힘들고 아프게 살다가
자신의 정체성을 깨닫고 모든 것이 회복되는
아름다운 이야기이다.

씨앗의 모양이 중요한 것이 아니다.
그 안에 담겨있는 정체성이 중요하다.

민들레 씨앗에는 민들레 꽃이라는 정체성이 담겨 있다.

우리 안에는 하나님 자녀라는 정체성이 담겨 있다.

하나님의 자녀는 한계를 뛰어넘는 자이다.
창세기 1장에서 인간을 만드시고 땅을 정복하고
바다의 물고기와 하늘의 새와 땅에 움직이는 모든 생물을
다스리라는 권세를 주셨다.

하나님의 자녀 됨의 정체성을 회복하여
하나님의 자녀로서의 삶을 누리기를….

열린 결말

누군가는 부활
누군가는 닫힌 문
누군가는 열린 문
또… 누군가는 광야

똑같은 그림을 보고도 다른 생각을 한다.

똑같은 상황을 맞이할 때도 다른 반응을 보인다.

처하여진 상황과 마음의 상태에 따라
생각과 반응이 다르다.

인기 있는 드라마의 결말은
언제나 화제의 중심에 선다.
결말을 두고 여러 가지 해석을 하면서
저마다의 생각을 덧붙이기도 한다.
개인적으로 여러 가지 해석의 여지가 있는
열린 결말보다는 꽉 닫힌 해피엔딩을 선호하는 편이다.

우리 모두의 인생은 종착지로 도착하기 전까지는 언제나
열린 결말이다.
이왕이면 다홍치마라고 아름다운 결말을 맺고 싶다.

우리가 알거니와 하나님을 사랑하는 자
곧 그의 뜻대로 부르심을 입은 자들에게는
모든 것이 합력하여 선을 이루느니라
로마서 8:28

합력하여 선을 이루시는 주님과 함께 한다면
열린 결말이든 닫힌 결말이든
뭣이 중헌디!

해는 맑아야지 해가 흐리면 안 되지

희망

희망은 삶이다.
희망이 없으면 삶도 없다.

누군가에게 '희망'이 뭐라고 생각하는지 물어봤을 때 나에게 해준 답이다.

삶과 희망…

예수님의 죽음으로 사라진 '희망'은
예수님의 부활과 함께
다시금 제자들 마음에 활짝 피어났을 것이다.

하나님의 자녀는 이 땅에서의 육신의 죽음이 천국에서의 새 삶의 시작이다.
사랑하는 이를 떠나보내도 천국에서 다시 만날 확신이 있기에 상실의 고통보다는 만남의 '희망'을 품고 오늘을 살아낼 힘을 얻을 수 있다.

그러나 여전히 유효한 상실은 어쩔 수 없는 고통이다.
제자들은 주님의 명령을 수행함으로써 순교하였다.
뭔가 이치에 맞지 않다.

엔도 슈사쿠의 〈침묵〉을 보았다.
주님의 '침묵'을 이해할 수가 없었다.

그중에서도 가장 이해가 되지 않는 것은 우리를 향한 주님
의 십자가 사랑이다.

어떤 때는 철저한 '침묵'으로 어떤 때는 강력한 '간섭'하심
으로 그 사랑을 표현하신다.

'희망'인가?
'낙망'인가?

비록 무화과나무가 무성하지 못하며
포도나무에 열매가 없으며
감람나무에 소출이 없으며 밭에 먹을 것이 없으며
우리에 양이 없으며 외양간에 소가 없을지라도
나는 여호와로 말미암아 즐거워하며
나의 구원의 하나님으로 말미암아 기뻐하리로다
하박국 3:17~18

보물찾기

천국은 마치 밭에 감추인 보화와 같으니
사람이 이를 발견 한 후 숨겨 두고
기뻐하며 돌아가서
자기의 소유를 다 팔아
그 밭을 사느니라
마태복음 13:44

감추어진 보화가 과연 그것을 발견한 모든 이들에게
값어치가 있는 것으로 보였을까?

'뱅크시'라는 현대 미술에 아주 유명한 화가는
재미있는 실험을 했다고 한다.
본인의 작품을 길거리에서 판매를 한 것이다.
하루 동안 총 8 작품이 한 작품 당 우리 돈으로 대략 6만원
에 팔렸다고 한다.

'뱅크시'는 실험이 끝나자마자 바로 SNS를 통해서 길거리

에서 팔린 작품들이 자신의 작품임을 알렸고
그 사실이 알려지자마자 6만원에 팔렸던 작품들은 곧바로
약 10억을 호가했다고 한다.

이 실험 영상을 보면 '10억'의 가치를 가진 그림들이 길거리에서 누구나 저렴하게 살 수 있도록 전시가 되어있었지만 대다수의 사람들은 그림에 관심을 가지지도 않았다.

이처럼 그 가치를 모르면 그냥 지나치는 건 아주 당연한 일이다.

그렇다면 지금 내가 가치 있다고 움켜쥐고 있는 것들은 주님 보시기에 과연 가치가 있는 것일까?

세상적으로 가치 있는 것들과 같이 있어야만
나는 가치 있어 보일까?

세상 기준으로 가치가 없다고 여김을 받아도
주님께서 가치 있다고 여기시면 그것으로
충분하고 싶다.

주님께서 가치 있다고 여기시는 그곳에 나의 두 눈이 고정
되기를 바란다.

진정한 보물을 찾고 싶다.

작심삼일

단단히 먹은 마음이 사흘을 가지 못한다는 뜻인 '작심삼일'
살면서 이 단어가 한 번도 내 삶에 적용이 안 된 적은 없었
던 것 같다.

굳은 결심을 하고 나서 하루나 이틀은 행동에 옮기지만 사
흘째 되면 어김없이 '나태'라는 유혹에 빠지고 만다.

그러나 새로운 매일이 주어지기에 다시 계획하고 다시 도
전한다.
그리고 새로운 매일처럼 새로운 핑곗거리는 생성된다….

그렇지만… 그럼에도 불구하고

무언가를 결심하고 그것을 실행에 옮김으로써 어제와는 다
른 조금은 '더' 성장한 '내'가 되어 있지는 않을까?

작심 삼일러에게 응원의 마음을 담아 말하고 싶다.
오늘의 '나'의 도전이

조금은 성장한 '나'를 만들었고
내일은 더 성장한 '나'를 만들 거라고
그러니 오늘의 실패에 좌절하지 말기를….

내게 능력 주시는 자 안에서
내가 모든 것을 할 수 있느니라
빌립보서 4:13

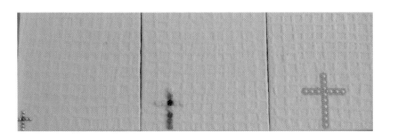

쌤쌤 (same-same)

"우리 이제 쌤쌤이야!"
어릴 적 친구들과 놀이를 하다가 곧 잘 쓰는 표현이었다.

쌤쌤
'우리는 이제 같은 상황이다.'
이런 의미로 쓰이는 말이다.

로마서 3장 10절 '의인은 없나니 하나도 없으며'라는 말씀
이 있다.

우린 모두 다 주님의 피조물일 뿐이다.

그러니 많이 가진 것에 '교만' 하지도 말고
적게 가진 것에 '위축'되지도 말아야 한다.

늘 마음속으로 다짐하는 것이 있다. 주님 앞에는 겸손하게,
세상 속에서는 당당하게 살자!이다.

거울 앞에 서 본다.

이렇게 당당함을 외쳐보지만
세상 속에 잔뜩 움츠려져 있는 굽은 어깨가 보인다.

사람의 시선은 필요 없어. 주님만 바라보면 돼!
나를 향해 되뇌이지만
여전히 세상을 향한 나의 두 눈…

그리고 여전히 동그랗게 말린 나의 어깨…
그 옆을 지켜주시는 주님
그리고 여전히 말씀으로 동그랗게 말린 어깨를
살포시 펴 주시는 주님

곧 예수 그리스도를 믿음으로 말미암아
모든 믿는 자에게 미치는 하나님의 의니
차별이 없느니라
로마서 3:22

오늘, 현재, 그리고 선물

누구나 매일 아침 눈을 뜨면
오늘을 지금 현재를 살아간다.

현재는 영어로 'present'이고
이 단어에는 또 다른 뜻이 있다.
바로 '선물'이다.

현재 = 선물

매일 아침 우리의 눈앞에는 선물 상자가 놓여 있다,
그런데 그 상자는 채워진 것이 아니라
내가 채워 넣어야 하는 상자다.

'바람과 함께 사라지다'에서 스칼렛 오하라의 아주 유명한
마지막 대사가 있다.
"내일은 내일의 태양이 뜰 테니까…."

우리 앞에 놓여 진 오늘, 현재라는 선물 상자는
내일의 태양이 뜨듯이 매일 새롭게 비워져 있다.

어제의 것으로 가득 채워진 상자로는
오늘의 새로운 것을 채울 수 없다.
마태복음 9장 17절에 보면
'새 포도주는 새 부대에'라는 말씀이 있다.

우리 주님은 우리에게
오늘이라는 선물 같은 하루를 주셨다.

주님께서 선물 같이 주신 오늘을 소중하게 여기며 지금을
살아가기를, 그리고 또 다른 내일의 지금을 소중하게 여기
며 살아가기를 그리하여서
깊어진 삶을 주님께 드리고 주님께 받은 귀하고 아름다운
것들을 세상에 나누는 주님의 자녀가 되기를 기도한다.

나와 내 백성이 무엇이기에
이처럼 즐거운 마음으로 드릴 힘이 있었나이까
모든 것이 주께로 말미암았사오니
우리가 주의 손에서 받은 것으로
주께 드렸을 뿐이니이다
역대상 29:14

초월

● 초월 : 경험이나 인식의 범위를 벗어나 그 바깥 또는 그 위에 위치하는 일

멈춰진 시계 위에도 시간은 흘러간다.
멈춰진 인간의 시간 위에 모든 것을 초월하시는
주님의 시간이 흘러간다.
상상을 초월한 하나님의 사랑이 시간을 뚫는다.

모든 상황이 막혀 있는 듯
세상에 혼자 남겨져 있는 듯
모든 것이 일시 정지된 듯한 순간이 다가와도

모든 것을 초월하시는 주님의 시간은 흘러가고
주님의 사랑으로 덮여 진다.

코스모스의 꽃말은 헬라어에서 유래했고
그 뜻은 '세상' '우주' '질서' '조화'라고 한다.
가느다란 줄기와 하늘거리는 꽃잎에 담겨져 있는 뜻 치고
는 스케일이 크다.

그러나 창조주이신 하나님께서는 이 이름을 허락하셨다.

피조물인 사람을 통해서 사람의 몸으로
누추하고 더러운 마구간에서 태어난 하나님.

우리의 이해 범주를 가볍게
초월하신다.

우리에게 필요한 것은 단 하나!
주님을 인정하고 주님을 믿는 것!

만물이 그로 말미암아 지은 바 되었으니
지은 것이 하나도 그가 없이는 된 것이 없느니라
요한복음 1:3

Festival

'댄스가수 유랑단'이라는 프로그램을 보면서 가수들의 무대를 향한 여정들이 인생의 모습과 같음을 느꼈다.

제대로 갖춰진 무대가 아닌, 아무것도 없는 체육관에서 공연 미션을 수행해야 하는 상황에
영원한 디바 '엄정화'님은 무척이나 당황하였다.
그러나 그녀의 무대는 완벽했고 내가 본 어느 무대보다도
아름다운 'Festival'이었다.
부르는 가수도 함께 한 관객도 너무나도 행복해 보였다.

내가 이 프로그램을 통해서 가장 감동받았던 부분은
반짝반짝 빛나는 무대가 아니어도 최선을 다하고 그 무대를 충분히 즐기며 행복해하는 그녀들의 모습이었다.

주님께서 이미 삶을 통해서 베푸신 은혜가
차고 넘침에도 불구하고
작은 어려움에 이내 불평과 불만을 가지는 내 모습….

나에게 주신 소중한 것들을 다른 이의 것과 비교하며 저울
질하며 기쁨을 쉽게 잃어버리는 내 모습….

주님과 함께라면 그곳이 어디든
이미 잔칫집이고 축제인 것을 자꾸만 잊어버린다.

'높은 산이 거친 들이 초막이나 궁궐이나
내 주 예수 모신 곳이 그 어디나 하늘나라'
(찬송가 438장 중)

인생은 아름답고 축제는 이미 시작되었다.

귀를 기울이다

어릴 적 친구들과
실 전화기를 만들어서 놀았던 기억이 난다.
꽤 먼 거리에서도
소리가 제법 잘 들려서 신기해하며 놀았었다.
실 전화기 놀이를 할 때 한 사람은 말하고 다른
사람은 들으면서 대화를 주거니 받거니 하다 보면
잘 들리지 않을 때도 있다.
그럴 때면 귀를 기울여서 들어야 잘 들린다.

또 지진 후에 불이 있으나
불 가운데에도 여호와께서 계시지 아니하더니
불 후에 세미한 소리가 있는지라
열왕기상 19:12

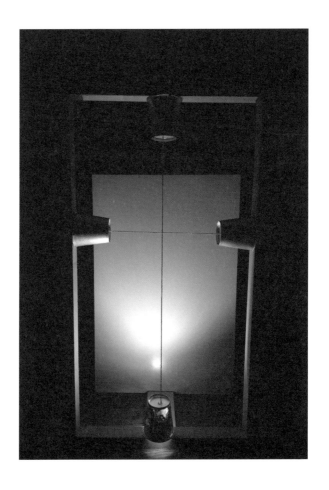

세상은 너무 어둡고 인생은 너무 힘들고
놓여 진 상황에 두려워 마음이 복잡할 때일수록
더 귀를 기울여서 들어야 한다.
주님의 사랑의 고백을….

"주의 음성을 내가 들으니
사랑한단 말 일세
믿는 맘으로 주께 가오니
나를 영접 하소서"
(찬송가 540장 중)

기준

인간이 세운 기준은 나와 너를 둘러싼 상황과 시대를 따라서 수시로 변한다.

나이가 들어감에 따라서 적용되고 요구되는 기준 또한 수시로 변한다.

변하는 것은 진리가 아니다.

시대와 상황이 변해도 바뀌지 않는 것이
참 진리이다.

주님의 말씀은 절대적 진리기에 절대로 변하지 않는다.

하나님의 자녀인 나 + 너 그리고 우리는
주님 말씀 안에서 삶의 기준을 정하고
주님 말씀 밖으로 나가면 안 된다!

"풀은 마르고 꽃은 시드나
우리 하나님의 말씀은 영원히 서리라 하라"

이사야 40:8

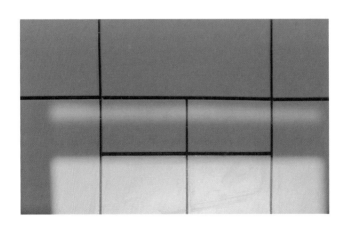

동아줄

너무나도 유명한 전래 동화 '해님 달님'
그저 나쁜 호랑이와 불쌍한 오누이의 이야기로만 생각했는
데 다시 찬찬히 보니 그 내용 속에 절실한 '기도'가 담겨져
있다는 것을 발견하였다.

호랑이는 절대 '악'의 존재다.
오누이는 어리지만 아주 지혜롭게 호랑이를 견제했다.
그래서 위기에서 벗어 날 수 있었다.
그런데 아주 중요한 순간에 조금 전에 지혜로웠던 모습들
이 사라져버리고 절대로 알려주면 안되는 것들을 알려주면
서 목숨을 잃을 절체절명의 순간에 빠진다.
바로 그때 오누이는 절실한 '기도'를 한다.

"하느님 저희들을 살려 주세요. 튼튼한 동아줄을 내려 주세
요."

그러자 하늘에서 튼튼한 동아줄이 내려오고
오누이는 하늘에 올라가게 된다.

하늘로 올라간 오누이는 해와 달이 되어서
하늘을 밝혀주는 일을 하게 된다.
살다 보면 중요한 순간에
하지 말아야 할 실수를 하게 된다.
그 실수로 인해서 인생의 궤도가 바뀌기도 한다.

그렇지만 바로 그 실수가
주님의 따뜻한 은혜의 손을 붙잡는 순간이 되기도 한다.

그러니 실수 앞에 좌절하지 말자.

"그는 넘어지나 아주 엎드러지지 아니함은
여호와께서 그의 손으로 붙드심이로다"
시편 37:24

에벤에셀

"사무엘이 돌을 취하여
미스바와 센 사이에 세워 이르되
여호와께서 여기까지 우리를 도우셨다 하고
그 이름을 에벤에셀이라 하니라"
사무엘상 7:12

에벤에셀은 히브리어로 '도움의 반석'이라는 뜻을 가지고
있다.

주님의 도움 없이 존재할 수 있는
생명체는 지구상에 없다.

태양과 지구의 거리가 아주 적당하기에
우리는 지금을 살 수 있다.

누군가를 도와준다는 것은 상대방에 대한
사랑의 마음이 있어야만 가능하다.

"가장 중요한 건 눈에 보이지 않아."
어린 왕자에게 여우가 한 말이다.

'사랑'은 눈에 보이지 않는다.

다만 그 사람의 말과 행동으로 느낄 뿐이다.

말을 해야만 아는 우리를 위해서
성경책을 남기셨고
행동을 해야 아는 우리를 위해서
십자가에 대신 못 박히셨다.

지금도 여전히 사랑의 손으로
우리의 인생앞에 드리워지는
고난이라는 험한 것들을 막아주시고 계신다.

에벤에셀 하나님
여기까지 도와주셔서 감사합니다.
앞으로의 모든 삶 또한 오직 주님께 의지합니다.

정답은 무엇일까?

정답은 올바른 답이다.
그런데 올바른 답이란 무엇일까?

많은 사람들이 옳다고 해서 정답이고
많은 사람들이 그르다고 해서 오답일까?

예수님께서 십자가에 못 박히신 일은
제자들이 원한 올바른 답이 아니었다.

그들은 예수님의 놀라운 능력을 통하여
로마로부터 압제당하는 유대 민족의 해방이 원하는 올바른
답이었을 것이다.

그러나 예수님께서는 십자가에서 죽음을 맞이하심으로써
우리 모두를 죄로부터 구원해 내셨다.

영접하는 자 곧 그 이름을 믿는 자들에게는
하나님의 자녀가 되는 권세를 주셨으니
요한복음1:12

제자들에게는 오답이었던 예수님의 죽음은
우리에게는 하나님의 자녀가 되는
놀라운 권세를 누리게 하는 축복이 되었다.

모든 문제의 답은 '출제자'에게 있다.

예수께서 이르시되 내가 곧 길이요 진리요 생명이니
나로 말미암지 않고는 아버지께로 올 자가 없느니라
요한복음 14:6

우리 삶의 문제의 출제자는 하나님이시다.
그러니 무조건 하나님 아버지께 묻자
그것만이 올바른 답을 얻는 유일한 '길'이다.

전진

"나는 한 마리의 양이 이끄는 백 마리의 사자 군대보다
한 마리의 사자가 이끄는 백 마리의 양 군대가 더 두렵다."
프랑스의 정치가이자 외교관이었던 '탈레랑'이 한 말이다.

사자가 리더라면 양들도 사자가 될 수 있다.
진정한 리더의 진면목이다.

성경을 보면 주님은 '선한 목자'이고
우리는 '양'으로 비유를 한다.

'양'의 동물적 특징을 보면 우리의 모습과 닮은 모습이
아주 많다. 겁은 많지만 호기심이 많아서 방황을 하지만
정작 혼자 할 수 있는 것은 거의 없다.
심지어 넘어져도 목자가 없다면 일어나지도 못한다.
이런 양들을 문제없이 잘 이끄는 것이 목자의 능력이다.

예수님 만나기 전에 제자들은 어부, 세리, 건축가 등

각자의 자리에서 양으로서 삶을 살고 있었다.
예수님을 만난 후로 제자들은 복음을 전하며
고난과 핍박을 불사하는 사자의 삶을 살았다.

주님을 만났고 주님을 만나서
겁 많은 양이 겁 없는 사자로 전진한다.

너는 범사에 그를 인정하라
그리하면 네 길을 지도하시리라
잠언 3:6

? ! .
_____

인생을 살다보면 마주하게 되는 많은 일들의 끝에 물음표
를 붙이게 된다. 주님 왜 이런 일이 저에게 ?

그 이유는 여전히 모르지만 물음표의 상황으로 인하여
내가 생각하지도 상상하지도 못했던 낯선 순간들을 접하게
된다.

낯선 순간의 공기가 주는 당혹스러움이 가라앉고 나면
주님께서 사랑으로 채워주신 따스함으로 가득한
반짝이는 무언가를 발견한다.
바로 물음표가 느낌표가 되는 시점이다!

그리고 그 모든 것의 퍼즐이 맞춰지면서
모든 상황들이 마음으로 받아들여지고
머리로 이해가 되어 지면 우리는 고백한다.

주님 감사합니다.
드디어 마침표를 찍는 순간이다.

주님?
주님!
주님.

? 에서 ! 그리고 마침내 . 가 되는
그 여정은 결코 쉽지가 않다.
그 쉽지 않은 여정만큼 삶은 깊어져 간다.

내가 주께 대하여 귀로 듣기만 하였사오나 이제는 눈으로 주를 뵈
옵나이다.

? ! 의 과정을 통과하고 드디어 깊어진 삶의 마침표를 찍은
욥의 고백…. 귀에서 눈까지의 거리는 한 뼘이 채 안 되는
짧은 거리지만 그 믿음의 여정은 삶을 온통 흔들어 버린다,

나를 흔드는 모든 상황 속에서 길을 잃지 않고 앞으로 나아가기 위해서는 하나님을 붙잡아야 한다.
하나님을 붙잡고 있는 내 손의 힘이 비록 약하여 혹여 놓칠 것 같더라도 두려워하지 말아라….
우리의 아버지는 결코 우리의 손을 놓지 않으실 테니….

사랑… 소리 없이 내리다

어린 시절 주말의 명화를 통해서 보았던 영화의
한 장면을 잊을 수가 없다,
듣지 못하는 엄마와 그의 딸의 이야기이다.

듣지 못하는 엄마는 딸의 수화를 통해서
세상의 모든 소리를 듣는다.

눈 내리는 겨울 어느 날 이었다.
엄마가 딸에게 묻는다.
"눈은 어떤 소리를 내면서 내리니?"
딸은 대답해 준다.
"아무 소리도 나지 않아요."
엄마는 놀란 얼굴로 딸에게 다시 묻는다.
"세상에 소리가 나지 않는 것도 있니?"

그러고는 한참을 눈을 바라보는 엄마의
눈빛이 클로즈업이 된다.

제목도 기억이 나지 않는 영화인데
어린 나의 마음에 무엇이 담겼기에
30년은 족히 지났을 시간 동안
그 장면이 이리도 생생하게 기억이 나는 걸까?
그리고 도대체 왜 이 장면이 지금 생각이 났고
이 작품까지 만들게 되었을까?

생각해 보니 하염없이 내리는 눈을 바라보는
엄마의 눈빛이 내 마음에 담겨 있었던 것이다.
어렸던 나에게는 엄마의 오묘한 느낌이 나는
그 눈빛이 궁금했고 이해할 수도 없었다.
기쁨도 아니고 슬픔도 아니고 다른 어딘가를 닿은
그 눈빛에 대한 이해하지 못함과 이해하고 싶은 마음이
긴 세월 동안 그 장면을 잊지 못하게 한 것 같다.

그 눈빛은…
온 세상이 소리 내지 않는 아름다운 하얀 눈에 덮여지는
모습을 바라보면서 소리를 들을 수 없고 소리 내어 말할 수
없어 상처받은 마음이 위로받고 치유되는 그 순간을 너무
나도 아름답게 담고 있었던 것이다.

소리 없이 내리는 사랑의 눈을
믿음의 눈으로 바라보기를
그리하여서 주님의 사랑을 마음의 눈으로 확인하고
상하고 깨져버린 마음들이
치유되고 회복되기를 바라본다,
하나님은 사랑이시라.

승리

듬직이(필명)라는 아이가 있다.
듬직이는 태어 난지 4개월 무렵에
뇌출혈 4기로 인한 저산소성 뇌 손상으로
8살까지 혼자서 걷지 못하는 아이였다.
듬직이를 알게 된 것은
인스타그램에서 우연히 짧은 영상을 보면서부터였다.

자그마한 체구의 아이가
가냘픈 두 다리로 혼자 서기 위해서
그리고 걷기 위해서
휘청거리며 최선을 다해서 한 걸음 한 걸음 걷는 그 모습을
본 순간 눈을 뗄 수가 없었다.
듬직이가 한 걸음을 떼는 모습에서 걷는 것만으로도

'기도'가 될 수가 있구나, 라는 생각을 했다,

그런 듬직이를 위해서 내가 해 줄 수 있는 것은 작품으로
응원하는 것이었다.
그래서 이 작품을 만들었다.
올리브관은 고대 그리스 시대에 승리를 거둔 이에게
명예의 상징으로 머리에 씌워주던 것이었다.

어리지만 자신이 할 수 있는 최선을 다하는 듬직이에게
존경하는 마음을 담아 만들었다.
작품을 만든 후에 이 작품은 내 것이 아니라는 생각이
마음에 강하게 담겼다.
주님께서 나를 통해 듬직이를 응원하고 계심이 느껴졌다.
그 마음을 담아서 원작은 듬직이에게 보냈다!

주님은 언제나 동일한 사랑의 마음으로
우리 모두를 응원하고 계신다. 그리고 말씀하신다,

"담대하라 내가 세상을 이기었노라!"

하나님의 자녀인 우리 모두는
승리자의 삶을 살 수 있다.

대단한 무언가를 해낸 승리자가 아니라
한 걸음을 걸어도 최선을 다하는 듬직이와 같이
지금 나에게 주어진 일을
지금 나에게 주어진 자리에서 최선을 다하는 것이
'승리자'의 모습이라 생각한다.

다만 한 가지 승리의 문을 열기 위해서는 열쇠가 필요하다.

그 열쇠는 바로, 주님을 향한 '기도'이다.
듬직이의 한 걸음처럼 '기도'하며 한 걸음 나아가면
반드시 기적이 일어날 것이다.
반드시….

리셋

우리는 매일 음식을 섭취해야 한다.
어제 음식을 많이 먹었다고 해서
오늘은 안 먹을 수 있는 것이 아니다.
오늘은 오늘의 필요한 영양분을 섭취해야 건강하게 잘 살
수 있다.

어제는 어제의 믿음으로
오늘은 오늘의 믿음으로
내일은 내일의 믿음으로 살아간다.

물론 비축되어 있는 영양분으로 살 수 있고
그동안 단련된 믿음으로 살 수 있다.
하지만 비축되고 단련되어 있는 것만으로
영원히 버틸 수 없는 일이다.

어제는 건강해서 뭐든지 소화시킬 수 있었는데
오늘은 컨디션 난조로 밥 한 끼 먹는 것도 쉽지 않다.

어제는 믿음의 용사 같았는데
오늘은 길이 보이지 않는 현실에 두려워
한숨만 쉬면서 그냥 주저앉아 버린다.
새로운 시작이 마냥 '위기'로만 보인다.

66개의 작품이 마무리되었다.
66개의 작품이 완성되었지만
나의 상황은 '리셋'되었다.

이제 새로운 아침이 시작되었다.
든든하게 아침을 먹고
어느 길로 가야 할지 모르는 막막함 앞에서
시원하게 한숨 먼저 쉬고 씩씩하게 나아가 보려 한다.

나의 일상의 기적이 주는 기쁨을 누리면서
주님 하실 일 기대하며
주님 어깨에 기대어 당차게 나아가 보자.
오늘 문이 닫혀 있더라도 좌절하지 말자.
내일은 더 크고 아름다운 문이 열려 있을 테니까.

해는 맑아야지
해가 흐리면 안 되지!

3장

순간을 간직하다

고백

아침에 눈을 떠서 잠이 드는 순간까지
내 머릿속에는 수많은 생각들이 떠돈다.
이런 상황에 흔히 하는 말이 있다.

"오만가지 생각이 난다."

나의 오만가지 생각 중에서 몇 가지를 꺼내어 보려고 한다.

일기 일수도
낙서 일수도
묵상 일수도…

내 이름은 '이순진'이다.
내 이름을 처음 듣는 분들이
꼭 나에게 묻는 말이 있다.

"정말 순진하세요?"

어렸을 때 나의 별명은 '이순신 장군'이었다.
엄청난 영광인 이 별명이 9살 여자아이였던 나는
참으로 싫었다,

그래서 이름도 함께 싫었다.

어른이 되어서는 쉽게 기억되어지는 내 이름이
조금씩 좋아졌다.

그렇게 시간이 흐르고 주님을 알게 되고
조금씩 성경 말씀을 접하게 되던 어느 날
내 이름을 성경책에서 발견하였다!

여호와께서는 **순진**한 자를 지키시나니
내가 어려 울 때에 나를 구원하셨도다
시편 116:6

마치 나를 위한 말씀 같았다.

물론 억지 주장인건 나도 알고 있다.

그렇지만 하나님 자녀에게 하신 말씀이니
완전한 억지 주장은 또 아니지 않을까?

순진한 믿음에 마음을 가득 담아서
순진한 고백을 해보려고 한다.

찰나!

유명한 유대인 피아니스트 '브와디스와프 슈필만'의
회고록을 바탕으로 제2차 세계대전의 끔찍한 아픔을
그린 영화 '피아니스트'를 보았다.

수용소에서 탈출하며 사랑하는 가족들과 헤어지고
홀로 남겨져 버려진 건물에서 처절하게 목숨을 지켜
나가고 있던 어느 날 밤

굶주림으로부터 살아남기 위해서 건물 1층으로 몰래 내려
가다가 독일 장교 '빌름 호센펠트'에게 발각되고 만다.

살기 위한 한 걸음이 죽음을 향한
한 걸음이 되고 만 것이다.

독일장교가 누구인지 신분을 확인하는 과정에서
자신이 '피아니스트'임을 알린다.
진실인지 확인하기 위해서 슈필만에게
피아노를 연주하게 한다.

자신의 마지막 연주가 될지도 모르는 순간 연주한
'쇼팽의 발라드 1번'

그 찰나의 순간에 그는 무슨 생각을 했을까?

이 생각들이 내 머리를 스치고 지나가기도 전에
피아노의 아름다운 선율의 소리들은 찰나의 감동을
주고 공간 속으로 사라져 버렸다.
그러나 그 소리들은 그냥 사라져 버린 것이 아니다.
마음속에 감동이라는 또 다른 파동을 일으키며
공간 속으로 사라졌다.

감동이라는 파동은
호센 펠트 마음에도 동일하게 울려 퍼졌고

이 만남으로 슈필만을 전쟁이 끝날 때까지
살아남을 수 있도록 보호해 준다.

첫 눈에 반한다는 것은
찰나의 순간에 마음을 빼앗기는 것이다.

아이들과 만들기 수업을 하다가 '심쿵 심쿵' 이라는
단어가 나와서 아이들에게 물었다.
"너희는 언제 심쿵 심쿵 하니?"

7살 남자아이가 대답해 주었다.
"사랑하는 사람을 만날 때요!"
허를 찔린 대답이었다.
7살 남자아이에게 듣게 될 줄은 생각하지도 못했다.

순간 마음을 빼앗겨 심장이 '심쿵' 하는 그 찰나가
세상을 향한 것이 아닌 주님을 향했으면 좋겠다.

찰나의 순간에 나의 마음을 흔드는 것이
아직 너무 많다.

나의 마음은 왜 이리도 갈대와 같은 것일까?

주여…
흔들리지 않도록 붙잡아 주소서.

Everything or Nothing

[모든 것이거나 또는 아무것도 아니거나…]

둘째 아이가 유치원에 다닐 때의 일이다.
4명의 친구들과 미술 수업을 함께 배웠다.
선생님의 수업 방식은 일반 미술 수업과 다르게
창의적이며 재미가 있었고 무엇보다도 아이들을 사랑하셨
기에 많은 아이들이 미술 수업을 매일 가고 싶어 했다.
미술 수업을 마치고 선생님께서는 오늘 무슨 수업을 했는
지 설명하여 주셨다.

그날도 여느 때처럼 아이를 데리러 갔는데 둘째 아이 머리
에 뿔이 하나 있고, 통통한 볼 옆에는 연지 곤지가 찍혀 있
었다. 그리고 한 손에는 방망이가 쥐어져 있었다.

선생님께서 '도깨비방망이' 동화와 관련된 만들기
수업을 했다고 하셨다. 그러고는 나에게 꼭 아이가 방망이
로 바닥을 두드리면 '마이쮸'를 몰래 던져 주라고 하셨다.
아이들 수업 때 이 방망이로 방바닥을 두드리면 '마이쮸'
가 나올 거라고 말씀하셨다고 한다.

집에 오자마자 둘째 아이는 방마다 다니며 방망이를 두드
렸고 그때마다 나는 '마이쮸'를 뒤에서 던져 주었다. 둘째
아이가 '마이쮸' 하나에 세상을 얻은 듯 기뻐하는 모습을
보며 한참을 웃었다. 지금은 추억이 되어버린 그날이 생각
이 난다.

7살 꼬마 아이에게는 도깨비방망이로 얻고 싶은 것이
'마이쮸' 하나였겠지만 20살이 넘어버린 아이는
이제 다른 것을 얻고 싶어 할 것이다.

집안 정리를 위해서 옷장과 수납장을 열면
입지도 쓰지도 않는 물건들이 한가득 쌓여있다.
정리는 버리는 것부터 시작이니 버리기 위해서 물건을 고
르면 예전에는 정말 필요한 것들이었는데 지금은
버려야 하는 것들이 많은 것을 보게 된다.

한때는 나의 모든 것이었지만 더 이상 아무것도 아닌,
이것 역시 시간이 지나가 봐야 알 수 있는 것들이다.

그러니 내가 할 수 있는 것은 지금 이 순간 주어진 것에 최
선을 다하는 것뿐이다. 많이 사랑하고 많이 기뻐하고 많이

웃고 그렇게 살아가는 것이다.

항상 기뻐하고 쉬지 말고 기도하고
범사에 감사하며 살기를 소망한다.

主心을 주심

핸드폰 통신사를 바꾸게 되었다. 해당 통신사에서 유심을
택배로 보내왔다. 손톱보다 더 작은 유심을 바꾸자마자 그
순간 통신사가 옮겨졌다.

외국 여행을 갈 때도 핸드폰 유심 하나만 바꾸면 그
나라에서 내 핸드폰을 마음껏 사용 할 수 있게 된다.

나에게는 소중한 찬양 모임이 있다.
모임 이름은 [바울과 실라] 다.

한밤중에 바울과 실라가 기도하고
하나님을 찬송하매 죄수들이 듣더라
사도행전 16:25

찬양에 진심이신 지체들이 모여서 바울과 실라처럼
행복하게 찬양을 한다.
그 모임에 함께 하는 지체 중의 한 분의 이름이
'주심'이신 분이 계신다.

유심을 바꾸자 통신사가 바뀐 나의 핸드폰을 보는데
갑자기 '주심'이라는 이름이 생각이 났다.
주님의 마음을 주심
主心을 주심

주님은 우리에게 주님의 마음을 주셨다.
主心을 주셔서 우리는 하나님의 자녀가 되었다.

내 이름이 가장 좋은 줄 알았는데
'주심'이라는 이름도 참 좋다.

오해

사람들은 흔히 **해맑게** 사는 삶이
쉬울 거라 생각한다.

그래서 힘든 상황에 놓였을 때 **해맑게** 웃으며
그 상황을 맞이하는 사람을 보면
"넌 참 속도 편해서 좋겠다." 하고 말을 한다.

해맑다는 말을 듣는 사람 중에 한 사람으로서
오해를 벗고 싶다.

해맑게 사는 것은 결코 쉽지 않다.

흐르는 것은 매우 자연스러운 현상이다.
물이 흐르고 구름이 흐르고 시간이 흐르고
감정이 흐르고….

힘들고 어려운 상황에 놓여 있을 때 좌절과 우울의
감정이 생기는 것은 아주 당연한 일이다.

그리고 그 감정들을 흐르게 그냥 두는 것은 쉽다.
물론 좌절감과 우울감의 감정들을 겪는 힘든 과정이
쉽다는 것은 결코 아니다.
그 감정을 그대로 흐르도록 유지한다는 것이
자연스럽다는 것이다.

해가 맑으려면 우선 이 흐름부터 딱 끊어내야 한다.
자연스레 흐르는 것을 멈추는 것은 에너지가 필요하다.
뿐만 아니라 그 반대로 거슬러 올라가야 한다,

난 할 수 없어 vs 난 할 수 있어
난 쓸모없어 vs 난 소중해
절망적이야 vs 희망적이야
난 운이 없어 vs 난 운이 정말 좋아
모든 것이 부족해 vs 모든 것은 충분해

산란을 위해 강물을 거슬러 올라가는 처절한 연어의 모습
을 다큐멘터리를 통해서 본 적이 있다.
거슬러 올라간다는 것은 그런 것이다.
힘겹고 어려운 것이다.

힘겹고 어려워도 거슬러 올라가서 결국에는 알을 낳고 다시 생명을 이어가는 연어처럼 흐르는 감정을 멈추고 온갖 부정적인 것들로 채워진 마음을 맑게 정화시켜서 종국에는 해맑아지는 것!

해맑게 사는 것은 절대 쉽지 않다.
그러니 오해하지 않으시길….

실수 vs 묘수 vs 악수

나는 드라마를 좋아한다.
드라마 속의 등장인물의 대사를 들으면서
내가 깨닫지 못했던 지혜를 깨우치기도 한다.
나는 드라마 속 주인공들이 긍정적인 마인드를 가지고 자신에게 주어진 삶을 열심히 살아가는 모습을 좋아한다.

드라마를 보면 주인공들이 중요한 순간에
자신도 모르게 '실수'를 하게 된다.
그런데 그 '실수'가 중요한 문제를 해결하는
실마리가 되거나 중요한 인연을 이어주는
징검다리 역할을 하게 된다.
'실수'가 뜻하지 않게 '묘수'가 된다.

또한 어느 드라마나 등장하는 주인공을 괴롭히는 악인들이
자신들의 뜻을 이루기 위해 악한 일들을 저지르기로 마음
을 먹고 여러 가지 수를 골똘히 생각한다.

그러다가 자신들에게 승리를 안겨다 줄 '묘수'라고 생각하

고 일을 벌인다.
그러나 그들의 '묘수'는 결국은 그들이 망하는 지름길인
'악수'가 되고 만다.

'실수'가 '묘수'가 되느냐
'묘수'가 '악수'가 되느냐

나의 모든 실수가 합력하여 선을 이루시는 주님의 손길로
묘수가 되기를 간절하게 기도한다.

선택의 기도

한순간의 선택이 평생을 좌우한다는 말처럼
어떤 순간들의 선택들은 정말 중요하다.

자신의 신념에 따라서
자신의 욕망을 쫓아서
아니면 흐름에 눈치를 보며
또는 강한 자가 두려워서 선택을 한다.

선택에는 반드시 책임이 따른다.

고심해서 내린 선택의 결정들이 오히려 최악의 결과를 내
기도 한다.

한 치 앞도 내다볼 수가 없으니 결과를 예측할 수도 없다,

물론 운이 좋게 예측한 결과가 맞을 수도 있다.

그러나 모든 일에는 '변수'가 존재한다.

나는 결정 장애를 가지고 있다.
짜장면을 먹을지 짬뽕을 먹을지도 선택하기가 힘이 든다.
(짬짜면이라는 메뉴가 얼마나 감사한지)

선택을 잘하고 싶은 욕심이 오히려
선택을 더 어렵게 만든다.

힘을 빼야 하는데 그게 쉽지 않다.
자꾸 내가 하려고 해서 그게 문제다.

선택의 기로 앞에서 선택의 기도를 하자.
그래서 주님의 인도하심을 따라 살아가자.
그것만이 살길이다.

최선 vs 최고

주님은 우리에게 '최고'가 되라고 하지 않으신다.
다만 있는 그 자리에서 '최선'을 다하기를 원하신다.

십자가 작품들을 만들기 위해서
내가 가진 능력 안에서 나는 '최선'을 다했다.

내가 쓴 글 또한 나의 '최선'이었다.

'최선'을 다했으니
'최고'가 되고 싶은 욕심은 솔직하게 있다.
부끄럽지만 유명한 십자가 작가가 되고 싶다.

유명한 십자가 작가가 되어서 내가 사랑하는 가족들과
많은 이들에게 실제적인 도움을 주고 싶다.

세상적인 언어로 '성공'하고 싶다.

십자가 작품을 66개나 만들었으니 누군가는 나를 대단한 믿음을 가진 거룩한 사람으로 오해를 하기도 한다.
그러나 그것은 아주 큰 오해이다.
난 아주 연약하고 어리석고 부족하다.

다만 세상에서 가장 귀한 '금'인 '지금' 이 순간을
그냥 흘려보내지 않고
내가 할 수 있는 '최선'을 다함으로써
'최고'의 순간을 누리기를 소망할 뿐이다.

가짜 실패

나는 직업을 참 많이 바꿨다.

간호사, 어린이집 교사, 카페지기, 장애인 활동 지원사, 페이퍼 플라워 강사
그리고 십자가 작가….

이렇게 나열해 보니까 참 많은 일들을 했구나 싶다.
여러 직업군에 있었기에 그 경험치 만큼 공감 능력이 뛰어난 편이다.

그러나 나는 이런 내가 많이 부끄럽다.
특히 한 곳에서 오래 일을 하신 분들을 보면 왠지 모르게 어깨가 동그랗게 말리곤 한다.

하나의 일도 제대로 못해내는 실패한 인생 같은 느낌이 든다.
그러다가 우리는 모두 트랙 위를 달리는 존재일 뿐이라는 글을 보았다.

우리는 결승선이 어디 있는지 모르는 길 위를 달리는 중이
다.

실패도 목표를 위한 과정 중에 하나일 뿐이다.

결승선이 보일 때까지는 끝난 것이 아닌 것이다.

그러니 우리 모두 진짜 실패도 아닌 가짜 실패에
좌절하지 않았으면 좋겠다.

나를 포함해서 우리 모두
조금만 더 힘을 냈으면 좋겠다.

나의 기도

하나님 나의 아버지
우리를 위해서, 또 저를 위해서
이토록 아름다운 세상을 만들어 주셔서 감사합니다.
끊임없이 부는 바람에
일렁이는 파도 같은 삶을 살고 있는 저를
물이 바다를 덮음같이 사랑하여 주시고
따뜻한 봄날 햇살 같은 은혜를 내려주셔서 감사합니다
주님과 함께하는 모든 날, 모든 순간이 아름답기에
오늘도 주님께 가던 길로
선하신 인도하심 따라서 가겠습니다.
예수 그리스도 이름으로 기도드립니다.
아멘!

그래도 사랑해

유난히도 마음이 힘든 하루가 있었다.
자꾸만 마음에 불만이 생기자
감사의 마음이 사라져 버렸다.
나의 마음이 강퍅해졌음이 느껴졌다.
돌처럼 단단한 마음으로는 사랑을 느낄 수가 없었다.
내가 가장 소중하게 여기는 이의 아픔을 함께 공감할 수도
없었다.

그런데 더 심각한 문제는 내가 그런 상태인지도 모르고 있
었다는 것이다.

큰아이가 아파서 병원 진료를 받기 위해서 기다리는데
큰아이에 대한 걱정보다 내 고민 내 생각들로 가득 차 있는
나의 본 모습을 본 것이다.

내 마음에는 사랑이란 것이 존재할 수 없음을 알았다.
주님께 드릴 수 있는 것이 얼룩이 져 버린
아주 더러운 마음 하나밖에 없음에

너무나도 죄송하고 슬펐다.
그렇게 병원 복도에 멍하게 서 있는데
'그래도 사랑해'라는 단어가 갑자기 생각이 났다.

'그래도 사랑해….'

이 짧은 문장이 순간 내 마음에 훅하고
밀려 들어왔다.

주님의 사랑에는 이유가 없으시다.
우리 스스로는 절대로 주님의 사랑을 받을만한
이유를 만들 수도 없다.

그래도 사랑해.
그래도 사랑해.
그래도 사랑해.

주님 감사합니다.
주님 고맙습니다.
주님 사랑합니다.

4장

더
하
는
이
야
기

+ 십자가 십자가 십자가

십자가를 보는 순간,
십자가를 말하는 순간,
십자가를 묵상하는 순간…
울컥함과 평안함이 공존하는 감정을
온몸으로 느끼곤 합니다

이순진 집사님 십자가의 작품과 글을 읽으면서
잊혀져가고 있던 내 안의 간절함,
살기 위해 몸부림치던 지난날의 애절함이 솟아올랐습니다.
아픔을 말하고, 고난을 말하지만
궁극적인 결론은 늘 하나였습니다.

"사랑"

십자가는 사랑입니다.
이 책은 십자가를 통한 사랑의 아름다움을
체감할 수 있는 작품입니다.

삶을 외면하고픈 이들,
희망이 안 보이는 이들
그리고 지금도 어둠 속에서 치열하게 싸우고 있는 이들에게 이 책이 큰 위로가 되기를 바랍니다.

"십자가는 희망입니다"

고형진(강남동산교회 담임목사)

+ 해는 맑아야지

전 세계에 얼마나 많은 십자가가 있는지 다 셀 수 있는 사람은 없을 것입니다.

예수님께서 달리셨던 그 험한 십자가를 시작으로 열방의 수많은 교회에 십자가가 있고, 그리스도인의 가정마다 십자가가 있습니다.

수많은 사람들이 목에 걸고 다니는 화려한 목걸이 십자가도 있고, 십자가로 인한 영생의 소망을 가지고 무덤에도 십자가를 세워둡니다.

우리를 구원하시기 위해 십자가에 달려 죽으신 예수님을 생각할 때 모든 십자가는 다 아름답고 가장 고귀한 것이라고 할 수 있을 것입니다.

이순진 집사님은 누구보다 하나님을 찬양하길 좋아하고 순전한 마음으로 하나님을 기쁘시게 하는 삶을 사시는 분이십니다.

손재주도 좋으셔서 페이퍼 플라워 강사도 하시고, 신영주교회 내에 여러 장식들도 맡아서 섬겨주셨습니다.

그러다가 언제부턴가 십자가를 만들기 시작하셨고, 하나 둘 만들기 시작한 십자가가 이제는 셀 수 없을 정도로 많아졌습니다.

십자가 하나하나를 만들 때마다 예수님을 생각하며 아름답고 의미 있는 십자가를 많이 만드셨으며, 그 십자가의 의미가 담겨있는 책도 출간하게 되셨습니다.

집사님의 글에는 주님을 향한 따뜻하고 순수한 사랑이 담겨있습니다.

삶의 일상 속에서 항상 주님을 생각하며 주님께 사랑의 고백으로 드리는 글을 통해 주님께서도 집사님을 더욱 사랑하실 것입니다.

이 책을 읽는 모든 분들이 십자가의 의미를 다시 한번 마음에 새기며, 우리가 지고 가는 십자가는 무엇인지를 깊이 생각해 보시기 바랍니다.

이 귀한 책으로 인해 하나님의 마음이 느껴지며, 십자가의 사랑이 전해지길 소망합니다.

김원곤(신영주교회 담임목사)

+ 십자가 사랑

십자가 작품을 제작하는 이순진 작가의 「해는 맑아야지 해가 흐리면 안 되지」라는 책을 한 소절 한 소절 읽으면서 십자가에 집중하게 되었습니다.
순진 청아하고 영롱한 영적인 감각의 십자가 작품과 글 내용에 깊이 빠져 버렸습니다.

평생 교회음악 지휘자로 살아온 저로서는 새로운 영적인 세계의 십자가 사랑의 감각을 느끼는 감동의 시간이었습니다.
교회음악 분야에서는 천국의 예술적인 음감과 영적인 감각을 하나님께서 주셔야 교회음악 지휘자로 성장할 수 있습니다.

하나님께서 이순진 작가에게 십자가에 대한 영적인 감각을 주셔서 다양한 십자가 표현을 66개 작품으로 부드럽고 섬세하게 표현하고 제작하게 하셨습니다.
작품마다 십자가에 대한 사랑과 영적인 울림이 있어서 큰 감동을 받았습니다.

특히 '언약의 무지개 징검다리 십자가' 작품에 영적으로 많은 느낌을 주었습니다.
모든 것이 하나님의 크신 은혜입니다.

이 한 권의 책을 통하여 메마른 영혼에 십자가 사랑이 촉촉이 스며들고, 영적인 감동으로 충만하기를 소망하며 기쁜 마음으로 추천합니다.

김이규(명성교회 장로, 지휘자)

+ 곳곳에 숨겨있는 십자가

"내가 내 몸에 예수의 흔적($\sigma\tau i\gamma\mu\alpha$)을 가졌노라."(갈 6:17).
사도 바울의 고백입니다. 스티그마($\sigma\tau i\gamma\mu\alpha$)라는 말은 가
축과 노예에게 소유주의 표시를 나타내기 위해 인장을 새
긴 것으로 시작되었다고 합니다. 또한 범죄자, 반역자나 종
에게 주인의 소유권을 표시한 것이기도 합니다.

이순진 집사님 또한 자신의 몸에 지닌 십자가의 흔적을 품
고 일상을 살아가면서 삶 속 곳곳에 숨겨져 있는 십자가의
흔적들을 발견해내는 탁월한 영적인 눈을 지니고 있습니
다. 집사님의 작품과 글을 읽고 있노라면 나의 바쁜 일상
속에서 그동안 가려져 있었던 내가 가진 십자가의 흔적을
다시 더 또렷이 관찰하게 되는 경험과 내 삶 곳곳에 그동안
은밀히 숨겨져 있었던 십자가의 흔적들을 발견하게 되어
깜짝 놀라고, 탄복하게 되는 경험을 하게 됩니다.

이 책을 함께 읽는 독자 여러분들도 아마 같은 경험을 하게
될 줄 믿습니다. 이 책에 수록된 집사님의 작품과 글을 천
천히 관찰하고, 오랜 숨결을 가지고 읽으시기를 바랍니다.

그럼 마치 어느 날 길을 가다 문득 발견한 예쁜 들꽃 하나에 눈에 띄어 가던 길을 멈추고 한참 들여다보기도 하고, 마음속으로 대화를 나누어 보기도 하듯이, 집사님의 작품과 글을 읽다 문득 그동안 항상 나와 함께하고 있었지만 내가 발견하지 못했던 십자가의 흔적들을 발견하게 되고, 그 십자가의 흔적을 남겨주신 주님과 잠시 잠깐이나마 깊은 대화를 나누게 되는 귀한 경험을 하게 될 것입니다.

이렇게 내 삶 속 곳곳에 남겨주신 주님의 십자가의 흔적들을 발견할 수 있도록 귀한 경험을 나누어주신 집사님께 깊은 감사의 말씀을 전합니다.

김진국(명륜중앙교회 부목사)

+ 중심의 기준, 십자가

목회라는 여정을 시작한 지 이제 고작 만 2년, 십자가를 바라보며, 십지가를 생각해 본다.

비단 그리스도인이 아니라도 십자가가 갖는 상징성을 모르는 이들은 극히 드물지 않을까? 하는 것이 본인의 지론이다. 물론 그 상징의 의미와 기준이 완전히 차이가 난다고 해도 말이다.

"중심은 사물이나 행동에서 매우 중요하고 기본이 되는 부분이다. 중심을 잘 지켜야 한다." -본문 중-
저자의 중심에 대한 표현 중에서, 중심을 잘 지켜야 한다.라는 문장은 본인이 그 동안에 십자기를 대하는 기준을 다시 한번 돌아보게 해 주었다. 본인은 중심을 파악하는 개념이나 분석하는 목적으로 이해를 했었지, 지켜야 하는 개념으로는 생각조차 하지 않았었다. 그러다 보니, 확고한 기준에 대한 주장(예를 들면 설교, 성경공부, 나눔 등)만 피력했을 뿐, 행동으로, 실행으로 옮겨야 완성되는 가장 기본적인 지킴을 잃어버린 나를 발견하게 되었다.

십자가의 사랑을 전하기는 했지만, 나 스스로가 과연 그 사랑을 지키면서 살고 있는가? 하는 확인과 반성의 깊은 묵상이 본서를 통해서 깨닫게 된 것에 대하여 저자에게 매우 감사하다는 말을 전하고 싶다. 또한 지켜야 하는 그 중심의 기준이 바로 십자가의 사랑을 전하는 그리스도인의 정체성이 되어야 한다고 생각한다.

우리가 살고 있는 이 시대는 하나님의 사랑을 알고도 실천하지 않는 패역한 세대임을 인정하지 않을 수 없다. 이런 세대 속에서 우리를 위해 죽으시고 부활하셨으며, 반드시 다시 오신다고 말씀하신 예수그리스도의 도, 바로 십자가의 사랑을 실천하며 예수님의 참된 제자로서의 정체성을 지키며 살아가는 것, 그것을 본서에서 이야기하는 십자가를 통해서 모든 독자들이 누릴 수 있기를 기대한다.

김현길(하나님과동행하는교회 담임목사)

+ 십자가로 드러난 사랑

순수함과 진실함으로 채워진 이순진 작가님의 귀한 도서 출판을 축하드립니다. 예수님의 옷자락에 닿았던 12년 혈류증 여인이 치유와 회복의 은혜로 처음 창조 때의 복을 누리게 된 것처럼, 십자가에 닿은 이들에게 회복의 은혜가 임하기를 빕니다. 잠자는 영혼이 깨어나며, 잃었던 자들이 다시 찾아지게 되고, 상처받은 이들이 치유되고, 시험당한 자들이 다시 회복되는 역사가 일어나기를 소망합니다. 또한 죽은 생명과 영혼이 살아나기를 소망합니다.

이순진 십자가 작가와의 첫 만남은 역사 깊은 봉화척곡교회를 방문하면서 시작되었지요. 첫 발걸음이 두 번이 되고, 세 번이 되고… 공방에서 십자가 작품 하나하나에 담긴 작가의 주님을 향한 사랑의 고백도 듣고… 그렇게 사랑이 깊어졌지요. 이 작가님의 십자가에 대한 사랑, 아니 주님에 대한 깊은 사랑이 십자가로 드러난 것을 알고 있기에 숙연해지네요.

주님 없이 살 수 없는 농축된 믿음이 작품 틈새에, 글자 하나하나에 새겨져 세상에 태어났기에 배나 감동입니다.

주님을 사랑하는 순전한 마음 씀씀이가 길가의 버려진 나뭇조각, 종이 한 장, 무엇 하나 허투루 여기지 않고 소중하게 다루었습니다. 그래서 저마다 자기 몫을 하도록 제자리를 찾아 앉혀 놓았기에 다양한 소재로 다양한 모양의 십자가 작품이 되었을 거예요.

수록된 작품 중 어느 것 하나도 의미 없이 만들어진 것은 없기에 작품 하나하나는 오색 신앙고백임에 틀림이 없을 거예요.

이런 마음 깊은 고백이 작품이 되어 생명이 담긴 책으로 엮어져 나오게 됨을 진심으로 축하합니다. 이 책에 이어서 나오게 될 이름도 이미 정해 놓은, 또 다른 두 번째 작품집도 기대감 가득 가지고 기다릴게요.

계속 이어지는 작품 활동으로 많은 이들이 십자가 속에 있는 생명에 잇대어 소생하는 역사가 이른 봄, 움 돋듯 하기를 소망합니다. 이 책을 읽는 모든 분들에게 십자가의 은혜를 함께 누릴 수 있기를 바랍니다.

박영순(척곡교회 담임목사)

+ 십자가, 복음의 스토리

「해는 맑아야지 해가 흐리면 안 되지」 십자가 작가인 이순진 집사님의 십자가 작품들과 글들은 풍성한 복음적 스토리를 담고 있습니다. 신앙과 예술과 성찰이 만나면 이렇게 아름다운 스토리가 담긴 작품들이 탄생한다는 사실을 깨달을 수 있습니다.

이 글을 차례대로 하나씩 읽고, 동시에 글과 연관된 십자가 작품을 바라보면 감탄이 절로 나옵니다. 왜냐하면 글을 보면, 작품이 이해가 되고, 작품을 보면 글이 요약정리되어 있기 때문입니다.

사실 일상의 평범한 소재를 사용해서 글을 썼기 때문에 어렵거나 무겁지는 않지만, 그렇다고 쉽거나 가볍지도 않습니다. 66개의 모든 작품에 십자가가 깊이 녹아져 있기 때문입니다.

십자가 작가로서의 정체성과 십자가 전달자로서의 사명을 지닌 작가의 작품 세계 안으로 들어가다 보면 어느새 십자가가 내 삶에 더 가까이 다가와 있음을 깨닫게 됩니다.
작가의 바람대로 이 작품들을 보는 모든 분들의 일상 가운
데 십자가의 사랑에서 흘러오는 참된 회복이 임하기를 소
망합니다.

배인열(진주말씀교회 담임목사)

+ 십자가, 삶의 고백

십자가처럼 보는 사람에 따라 다르게 보이는 것도 없습니다. 어떤 사람에게는 미련한 것으로 보이지만, 어떤 사람에게는 구원에 이르는 하나님의 능력으로 보입니다. 어떤 사람에게는 도무지 이해할 수 없는 미스터리처럼 여겨지지만, 어떤 사람에게는 생각만 해도 눈물이 흐르는 사랑의 징표이기도 합니다. 또 어떤 사람에게는 멀리서 바라보는 신앙적 상징이지만, 어떤 사람에게는 매일, 매 순간 삶의 현장에서 함께하는 신앙고백이기도 합니다.

이순진 집사님은 삶의 현장에서 무심코 지나칠 수 있는 것들을 묵상으로 붙잡아 삶의 고백으로 녹여냈습니다. 특히 삶의 자리를 묵상의 현장으로 만들어 그곳에 세워진 66개의 십자가를 마치 옥합을 깨뜨려 주님께 부어드린 여인의 향유처럼 주님께 부어드렸습니다. 그래서 이 글들에는 주님을 향한 사랑의 마음이 담겨있고, 같은 마음으로 읽고 묵상한다면 그 향내 가득한 향기로움을 느낄 수 있을 것입니다.

이 향내를 맡으며 누군가는 문밖에서 우리 마음에 들어오시고자 두드리시는 주님께 반응하고, 누군가는 다시 주님과 친밀한 동행을 시작하며, 누군가는 십자가의 치유의 능력을 경험하고, 누군가는 십자가에 담긴 사랑과 생명을 경험하게 되길 함께 기도해 봅니다.

손의석(명륜중앙교회 담임목사)

+ 십자가의 흔적 : 스티그마

2018년 이스라엘 성지순례를 잊을 수 없다. 예수님의 발자취를 따라 여기저기 예수님의 흔적을 발견한다. 갈릴리 호수, 38년 병자가 치유된 베데스다 연못, 예수님을 보려고 올라갔던 삭개오의 뽕나무… 곳곳의 흔적마다 깊은 묵상과 감격, 그리고 눈물이 앞을 가렸다. 감사의 눈물, 감동의 눈물, 죄송함이 가득한 사죄함의 눈물이다. 그런데 예수님의 흔적을 따라가며 안타까운 장소에 도착했다. 예수님의 골고다 언덕, 돈을 지불하고 십자가를 지는 체험을 했다. 예수님이 지셨던 십자가와는 비교도 되지 않는, 비교할 수 없는 십자가일 것이다. 여기서도 눈물이 앞을 가린다. 그런데 그 눈물을 잠시 멈추게 하는 장소에 도달했다. 십자가 장신구를 파는 많은 가게들… 안타까웠다. 그리고 묻고 싶었다. 과연 저들은 예수님의 십자가의 의미를 알고 있을까? 십자가가 저들에게는 어떤 의미일까?

십자가는 어떤 사람을 만나는가에 따라 그 흔적은 달라진다. 미켈란젤로라는 조각가를 만날 때 '십자가상'이라는 흔적으로 조각되고, 라파엘로라는 화가를 만날 때 '십자가에서 내려지는 그리스도'라는 흔적으로 그려지며, 조지 버나 드라는 목사를 만났을 때 '갈보리 산 위에'라는 흔적이 되 어 찬송가로 불린다.

이순진 작가가 만난 십자가의 흔적이 바로 「해는 맑아야지 해가 흐리면 안 되지」라는 책이다. 작가이자 저자인 그는 그 십자가를 누구나 부담되지 않게 만나지만 흔적이 남겨 지도록 아름다운 66가지 예술작품으로 표현했다. 십자가 작품을 보면서 감탄이 나왔다. 예술작품을 뛰어넘는 깊이 가 십자가에서 느껴졌다. 겉으로 보이는 화려한 외형적인 깊이가 아니었다. 결코 가볍지 않은 묵직한 느낌으로 이끄 는 이끌림이었다. 십자가 작품 하나하나에 본인 신앙의 여 정에서 경험했던 주님 안에서의 喜怒愛樂을 창조적으로 개 성적으로 그리고 겸손하게 표현한 것이다. 그 표현은 저자 만의 신앙고백 표현이 아닌 글을 읽는 모든 사람들에게 떨 림이 되고, 그 떨림은 울림이 되어 또 다른 신앙고백의 출 발이 될 것이라는 확신한다. 저자가 소망했던 십자가 전달 자가 되어 또 다른 십자가 전달자들의 증거로 이어질 것을 믿어 의심치 않는다.

나에게 십자가는 어떤 흔적으로 남아 있을까? 우리에게 십자가는 어떤 흔적으로 남아 있을까? 이스라엘 골고다 언덕의 숭고하고도 위대한 구원의 그 길가에서 십자가 장신구를 파는 장사치들처럼 그들에게 남아 있는 그 흔적처럼, 우리에게 그런 흔적으로 남아 있지는 않기를 간절히 소망해 본다.

사도 바울의 고백이 떠오른다. '이후로는 누구든지 나를 괴롭게 말라 내가 내 몸에 예수의 흔적을 가졌노라'(갈 6:17) 나에게 어떤 십자가의 흔적이 남아 있을까? 도시의 어둠을 밝히는 십자가가 아닌, 아름다운 장신구 십자가가 아닌, 십자가에서 흘리신 예수님의 피를 수혈받아 내 심장을 관통하고 나의 모든 혈관 속을 흐르고 또 흘러 나의 영원한 흔적으로 남기를 기도한다.

송기욱(더보듬교회 담임목사)

+ 기쁨과 설렘의 십자가

십자가 사랑을 접고 또 접어
꽃처럼 펼쳐놓은 세계가 아름답고 멋지다.
마음에 새겨진 생각과 말씀들은
잠을 깨고 아침을 날아오르는 새의 날갯짓이다.

십자가의 구원과 은혜들이
삶의 공간에 질서 있게 스며들어 있다.
예쁘게 생각하고 멋지게 만들어가는 공간들은 참으로 소중
하다.
내 삶도 내 순간도 그렇게 만들어가야지 하는 다짐을 하게
한다.

붙잡혀 접히고 접혔으나 작품이 되었고
찢고 새겼으나 더 아름다운 날갯짓이 되었다.
작품과 글에 기쁨과 설렘과 아름다움을 느낀다.

윤태영(보성화평교회 담임목사)

+ 인생은 십자가 발견으로부터

십자가 작품 66개를 만들고 3년 동안 쓴 글을 이순진 작가의 소중한 십자가 사랑 이야기이다.

예수그리스도의 삶은 말 밥통에서 시작해서 십자가 형틀에서 끝났다. 세상의 밥 곧 생명의 양식이신 주님은 십자가에 달려 물과 피를 쏟으며 세상의 음료 곧 생명수가 되신 것이다.

이처럼 생명의 양식이자 음료이신 주님을 먹고 마시는 자마다 그것이 살이 되고 피가 되어 생기를 얻는다. 죽은 영혼이 생명을 공급받는다. 요컨대 그리스도인의 삶은 예수 십자가로부터 시작되는 것이다.

그리스도께서 십자가 달리시고 우리를 위해 죽으심으로써 우리에게 영원한 생명이 주어졌다.

그러므로 오늘날 기독교 신앙의 위기는 곧 십자가 신앙의 위기다. 십자가 없는 신앙은 생명도 능력도 없는 껍데기 신앙일 뿐이다. 철학자 키에르케고르는 이러한 통찰력으로 다음과 같이 기록했다.

"인생은 사십부터가 아니다. 이십부터도, 육십부터도 아니다. 인생은 십자가로부터다."

십자가 없이는 용감한 신앙고백도, 진실한 기도도, 감사와 기쁨에 넘치는 삶도, 뜨거운 사랑도 있을 수 없다.

십자가만이 이 모든 것을 가능케 하시는 하나님의 능력의 통로이기 때문이다.

이순진 작가는 십자가를 만들면서 하나님의 깊은 사랑을 경험하게 되었고, 십자가는 죽어 마땅한 죄인을 위해 자기 목숨을 내어 놓는 사랑의 낭비, 곧 사랑의 실체로 나타나신 하나님의 능력이 바로 십자가인 것을 고백하게 되었다.

이 글을 읽는 독자들에게 어떤 일이 일어날지 모르지만, 이 것은 글을 위한 글이 아니다. 호흡하게 하는 글이고, 생명의 온기를 느끼게 하는 글이며, 사람을 살리는 글, 용기와 위로가 되는 글이라고 생각한다.

최갑도(성내교회 원로목사)

해는 맑아야지 해가 흐리면 안 되지

이순진 지음

초판 1쇄 발행 | 2025년 2월 22일

발 행 인 | 전병철
발 행 처 | 세우미
등   록 | 476-54-00568
등 록 일 | 2021년 07월 26일
주   소 | 광명시 영당안로 13번길 20. 삼정타운 다4동 404호
이 메 일 | mentor1227@nate.com
인스타그램 | https://www.instagram.com/sewoomi_, @sewoomi1

ISBN   979 - 11 - 93729 - 04 - 5   (03230)